Friedrich Carl Biedermann

LES

SYSTÈMES REPRÉSENTATIFS

AVEC ÉLECTIONS POPULAIRES

HISTORIQUEMENT EXPOSÉS ET DÉVELOPPÉS
EN RAPPORT AVEC LES CONDITIONS POLITIQUES ET
SOCIALES DES PEUPLES

Elibron Classics
www.elibron.com

Elibron Classics series.

ISBN 0-543-96919-3 (paperback)
ISBN 0-543-96918-5 (hardcover)

This Elibron Classics Replica Edition is an unabridged facsimile of the edition published in 1864 by F.A. Brockhaus, Leipzig.

LES

SYSTÈMES REPRÉSENTATIFS.

LES

SYSTÈMES REPRÉSENTATIFS

AVEC ÉLECTIONS POPULAIRES

HISTORIQUEMENT EXPOSÉS ET DÉVELOPPÉS

EN RAPPORT AVEC LES CONDITIONS POLITIQUES ET SOCIALES DES PEUPLES

PAR

CHARLES BIEDERMANN.

TRADUIT DE L'ALLEMAND

PAR

STANISLAS LEPORTIER.

LEIPZIG:

F. A. BROCKHAUS.

—

1864.

PREFACE.

L'ouvrage que nous publions, histoire comparative et exposition historique des Constitutions modernes et des systèmes représentatifs tels qu'ils existent de nos jours, a pour but d'en faire ressortir les ressemblances et les diversités, de les expliquer, les unes et les autres, autant que possible, à l'aide de circonstances données et, par suite, de faire connaître les institutions représentatives avec leurs formes diverses et leurs variations, ainsi que les effets et les causes des conditions politiques et sociales si diverses des peuples.

Fidèle à ce point de vue historique, l'auteur s'est abstenu de se prononcer sur la plus ou moins grande valeur, les avantages ou les désavantages d'aucun des systèmes représentatifs ou des modes d'élection, d'après les principes d'une théorie constitutionnelle quelconque ou d'un parti politique; il s'est restreint à laisser parler les faits eux-mêmes. Bien qu'il ne soit pas toujours facile à l'historien observateur d'échapper à l'influence de ses propres inspirations, l'auteur pense cependant ne pas s'être éloigné, du moins autant que possible, des limites de la justice et de l'indépendance qui sont les premières conditions de l'histoire.

Leipzig, 20 mai 1864.

CHARLES BIEDERMANN.

TABLE DES MATIÈRES.

INTRODUCTION.

Considérations générales sur la nature des institutions sociales. Leurs variations résultant des différences de conditions ainsi que du caractère national; leur développement chez tous les peuples par suite de la loi générale de la civilisation sociale.

Tout système politique, pour remplir les conditions de durée et d'utilité, doit être en harmonie avec le caractère du temps et du peuple auquel il est destiné.

Telles institutions qui sont un bienfait pour une période avancée de civilisation, même peut-être une nécessité absolue, pourraient, appliquées à un peuple moins avancé, produire plus de mal que de bien, et, dans tous les cas, n'atteindraient pas le but qu'elles doivent avoir.

Les meilleurs souverains ont quelquefois commis la faute, avec la plus noble des intentions, mais sans avoir observé assez à fond la nature des hommes et des choses, d'avoir introduit dans leurs propres États des lois ou des formes de constitution, dont ils avaient observé ailleurs les effets salutaires, sans réfléchir aux conséquences des différences de pays, de caractère national, de mœurs et des antécédents historiques; de même, des peuples entiers ont souvent espéré en vain un remède à leur situation, de l'introduction d'institutions qui, chez leurs voisins, s'étaient parfaitement adaptées aux besoins sociaux, tandisque, chez eux, elles ont eu un résultat tout opposé, en raison de la différence qui existait dans les bases gouvernementales et sociales.

D'un autre côté, il y a bien, en effet, certains principes généraux de toute vie politique, qui, tôt ou tard, en raison des progrès que fait la civilisation, deviennent d'eux-mêmes, ou par la force des choses, communs à tous les peuples; car ces principes répondent au mouvement général et naturel de l'espèce humaine, ainsi qu'au besoin absolu de progrès civilisateurs.

C'est sous ce double point de vue qu'il faut envisager le système représentatif, ou le système d'après lequel le peuple, au moyen d'un enchaînement d'institutions, prend une part légale au règlement des affaires publiques. Ce système est un besoin pour tout peuple qui est parvenu à un certain degré de bien-être, d'éducation, de développement matériel et spirituel, ou même du moment où ses efforts tendent à l'y faire parvenir; mais ce serait s'exposer à rencontrer un résultat tout opposé, de vouloir l'appliquer à un peuple sans avoir égard à son degré de civilisation, ou de l'introduire partout sous les mêmes formes.

C'est le devoir d'une politique sage et prévoyante de choisir, pour l'introduction de ce système, le moment favorable — ni trop tôt, ni trop tard —, la mesure convenable — ni trop, ni trop peu —, après avoir sérieusement étudié toutes les circonstances dans lesquelles se trouve le peuple qui est appelé à jouir de ce bienfait. Le trop serait nuisible, car ce serait donner à ce peuple l'exercice d'une liberté à laquelle il n'est pas encore préparé et pour laquelle il n'est pas encore assez mûr; le trop peu produirait également un effet fâcheux, parce que le sentiment du développement de la force morale, exclue de son activité légale, engendrerait le mécontentement et l'impatience et pousserait facilement dans une voie irrégulière. Il en est de même du trop tôt ou du trop tard.

Si nous considérons les trois grandes races principales du monde moderne, la race romane, celle germanique et celle slave, nous trouvons très-diversement réparties la faculté ou la disposition à se laisser gouverner et celle de se gouverner soi-même — d'où provient le système réprésentatif (ou, comme nous pouvons l'appeler, le constitutionnalisme) formant en même temps la ligne de démarcation. La race romane dont les Français sont la réprésentation la plus forte, est peut-être celle qui montre le plus de disposition à se laisser gouverner, ou pour mieux dire, à recevoir son impulsion d'un point central et à diriger son attention, son intérêt sur un point central. La race germanique, au contraire, est de sa nature essentiellement personnelle, portée à l'individualité et à l'indépendance; cela est si vrai qu'elle oublie ou néglige, pour son attachement aux particularités communales ou provinciales, même l'unité nécessaire pour former un plus grand État. La race slave est, sous certains rapports, peut-être encore plus facile à diriger et moins portée à manifester son opinion que la race romane; cependant elle en diffère et se rapproche en quelque sorte de la race germanique par le développement de son inclination pour les intérêts communaux et à se gouverner elle-même, laquelle a joué un si grand rôle dans l'histoire de presque tous les peuples slaves.

Du reste on ne doit pas oublier qu'on ne trouve, dans la formation des États modernes de l'Europe et de leurs institutions, presque nulle part, les signes distinctifs de leur race primitive purs et sans mélange; au contraire ils sont tantôt fondus ensemble, tantôt en opposition les uns avec les autres, et par conséquent plus ou moins modifiés. En Angleterre, par exemple, non seulement les différentes branches des races principales germanique, saxonne, danoise et autres peuples du nord, se sont mélangées, mais encore par leur connexion avec les Normands, qui avaient à peu près dépouillé leur origine germanique et étaient devenus français, ils adoptèrent l'élément roman tout nouveau pour eux et, de ces divers mélanges de nationalités, se forma et se fondit en un seul tout, le type national anglais. Les éléments germaniques et romans luttèrent longtemps en France dans l'exercice de leur influence sur les institutions et sur les mœurs, jusqu'à ce que le roman l'emportât entièrement et qu'il restât à peine une trace du germanique. Par contre, en Espagne et en Italie, ce dernier élément conserva son influence sous la forme de l'amour inné de ces peuples pour leur indépendance communale et provinciale. En Allemagne l'essence romane ou française, qui s'y est introduite, particulièrement depuis la guerre de trente ans, a modifié sensiblement l'esprit national du peuple; tout le mouvement politique qui s'est opéré dans ce pays dans les derniers temps, et la nature des institutions des divers États, ne sont, à proprement parler, qu'une lutte constante contre cet élément étranger qui s'y est introduit d'une manière tout artificielle et pour le rétablisement de la suprématie du vieil esprit germanique. En Angleterre, il l'a remporté depuis longtemps sur le roman.

Quant aux populations slaves, elle se sont trouvées, dans le cours de leur histoire, en contacts de toute sorte avec les Romans et les Germains, c.-à-d. les Allemands, les Anglais, les Français, les Italiens, soit sur leur propre territoire, soit par l'émigration continuelle de leurs compatriotes, et c'est ainsi qu'ils ont adopté les idées, les mœurs, les institutions de chacun de ces peuples divers. Cependant cette assimilation se fait bien plus sentir dans les classes élevées que dans le peuple lui-même, qui a conservé à peu près pur le caractère national primitif de sa race.

Il est résulté de ces variations dans les fondements caractéristiques des peuples, ainsi que des différentes phases du sort de chacun d'eux, une hétérogénéité naturelle dans le développement de leur vie politique intérieure, leur état précoce ou arriéré de civilisation, et la plus ou moins grande perfection de leurs institutions constitutionnelles.

Par contre, la formation et la propagation des sociétés politiques, des États, entraînent d'elles-mêmes et irrésistiblement la nécessité d'institutions représentatives et par suite une certaine uniformité dans les efforts des peuples pour y parvenir. Dans les premiers commencements de la formation de ces sociétés, dans le cercle restreint de la famille, de la commune, du district ou de la horde, de la fédération de tribus (ce que les Slaves nomment Zupania), on ne sentait pas encore le besoin de la représentation; chacun agissait pour son propre compte et prenait part aux délibérations et aux décisions de la commune à laquelle il appartenait. Alors se divulguait déjà, il est vrai, l'opposition à l'autorité et à la majorité, à la force d'initiative d'un ou de plusieurs et à la faculté délibérative et décisive de tous. Dans le cercle de la famille c'est le chef, le plus ancien, qui donne ses conseils dictés par l'expérience qu'il doit à son âge, et auquel tous les autres membres obéissent volontairement; mais dans les circonstances plus graves, il adopte volontiers les opinions, les conseils de ses fils ou de tout autre des siens. Dans la horde ou la tribu, c'est le chef qui, comme le plus brave ou le plus sage de tous, exerce le commandement — plus pourtant par suite d'une obéissance volontaire, que par la force ou un véritable droit —; néanmoins il n'entreprend rien d'important sans l'assentiment des guerriers de sa race ou de sa horde qu'il réunit en conseil autour de lui pour décider ce qu'il y a à faire. Tacite dit des anciens

Germains: Les princes ou chefs de tribus décident des affaires de peu d'importance, mais pour les autres, ce droit appartient à la réunion des hommes libres et des guerriers. Suivant le caractère du groupe social, de la race ou du peuple, la dignité de chef est dévolue à une ou plusieurs familles, ou à la vénération religieuse (par exemple la domination des prêtres ou des magiciens chez quelques peuples sauvages), ou elle est le résultat du suffrage libre des citoyens; c'est ainsi que la part que prennent les autres membres de la nation à la direction des affaires publiques, peut être de très-différente nature. Mais il est positif que la part de ces derniers s'exerce presque toujours personnellement et directement dans des assemblées, dans lesquelles assistent et votent soit tous les membres, soit les plus anciens, ou les citoyens adultes et en état de porter les armes, comme à Athènes et à Rome, ainsi que chez les anciens Germains; il en était également de même chez la plupart des peuples slaves, et nous retrouvons encore aujourd'hui le même usage chez les races incultes des Indiens à l'ouest de l'Amérique. Il est également positif que, dans ces petites républiques, la puissance du chef, même lorsqu'il n'est pas élu par ses concitoyens et par conséquent inamovible, n'est que rarement illimitée ou despotique; au contraire elle est presque toujours plus ou moins subordonnée à la participation des autres concitoyens, qui restent toujours autour de lui et ne le perdent pas de vue.

Mais plus le cercle social s'étend — soit en espace

de terrain soit en nombre—, plus la simultanéité d'action du chef et de ses concitoyens perd de son ensemble. Le chef se trouvant éloigné de l'ensemble des membres de la société, leur devient étranger, inaccessible, et par suite ne peut pas exercer sa volonté et ses arrêts aussi directement qu'auparavant, dans toutes les parties du territoire sur lequel il commande. Il est obligé pour cela de se servir d'intermédiaires, d'instruments, de procureurs, de serviteurs, d'employés. Sur les territoires d'une plus grande étendue, en raison des variations dans les rapports de la société, il s'établit une certaine différence, et même quelquefois une opposition d'intérêts, et il est réservé au pouvoir central d'égaliser ces différences et cette opposition. Par là aussi s'augmente et se multiplie sa puissance.

C'est ordinairement aussi lorsqu'une semblable commune, race ou peuplade se trouve en relations fréquentes et intimes avec d'autres peuples, qu'elle a à défendre son territoire ou sa liberté contre les attaques des étrangers, ou, par un besoin naturel d'extension, avec de grandes agglomérations de forces à l'intérieur, elle est entraînée à des conquêtes, à chasser ou à soumettre d'autres peuples. Dans de pareils temps, le pouvoir ainsi que l'influence de ceux qui ont engagé le peuple dans des entreprises de cette sorte, chefs, princes, rois ou tout autre, tend à s'accroître considérablement. La guerre exige une sévère discipline et de la soumission, et des expéditions guerrières, au moins celles qui sont d'une grande extension et d'une longue durée, sont presque toujours plus favorables à la tyrannie qu'à la liberté. Pour la gloire militaire et le sentiment d'orgueil de dominer sur d'autres pays, un peuple se soumet souvent à être traité chez lui avec sévérité et même despotiquement, et le butin en biens et en territoire, que le chef a conquis sur les vaincus, ne devient que trop facilement dans ses mains, le prix auquel il achète à ses concitoyens leur indépendance et les soumet à sa domination.

C'est ainsi que nous voyons dans l'histoire des peuples succéder à un état de grande liberté et d'égalité, un état de dépendance, même de despotisme et d'inégalité. On ne doit pas voir en cela absolument un pas rétrograde, mais seulement la transition nécessaire à un nouvel état de liberté et d'indépendance, la conséquence de l'impossibilité de revenir aux institutions primitives, en raison de l'extension des rapports et de la diversité des intérêts.

Tel a été le cours des choses, au moins dans la plupart des États de l'Europe moderne. D'abord un état de liberté plus ou moins illimitée, et un gouvernement populaire en petits districts, avec une plus ou moins parfaite égalité de tous les citoyens; puis un état de concentration, la réunion de tous les pouvoirs dans une seule main, parvenant assez souvent jusqu'au despotisme le plus complet, l'asservissement d'une partie du peuple par l'autre, jusqu'à ce que, enfin, la marche naturelle de la liberté et de l'action personnelle, s'ouvre la voie sous des formes nouvelles en rapport avec le changement des conditions où se trouve le peuple, et suspende le règne du despotisme, de l'inégalité sociale et de l'oppression.

Le résultat de cette marche historique fut presque partout l'établissement d'un système représentatif sous une forme quelconque, ou la participation régulière du peuple à la direction des affaires publiques sous n'importe quelle forme de représentation contre ou avec le pouvoir.

CHAPITRE PREMIER.

LA NAISSANCE, L'INSTALLATION ET LE DÉVELOPPEMENT DU SYSTÈME REPRÉSENTATIF EN ANGLETERRE.

Nous commençons notre histoire du système représentatif moderne par l'Angleterre puisqu'elle en a été incontestablement le berceau. Ce que nous avons dit dans l'introduction, du passage d'un état primitif de liberté naturelle et d'égalité, par un état de despotisme et d'oppression, pour arriver à un nouvel état plus large d'institutions libérales d'une nouvelle espèce, ne se rencontre nulle part aussi complétement et plus régulièrement. Toutes les phases de cette marche que nous avons indiquée, se rencontrent plus marquées chez ce peuple que chez tout autre. La liberté et l'égalité des vieux Germains, s'y conservèrent intactes et vivaces plus longtemps que dans aucune autre branche de cette race, même sans en excepter l'Allemagne. Puis vint un despotisme militaire de la pire sorte, qui semblait avoir détruit pour toujours tous les germes de cette liberté et égalité. Pourtant elle ne faisait que sommeiller pour, réveillée de nouveau et protégée par des circonstances particulières, percer la croute épaisse du règne de l'oppression, la broyer et se redresser comme un arbre puissant qui a étendu son ombrage bienfaisant sur toute l'Europe moderne.

Les Anglo-Saxons apportèrent dans les îles britanniques un esprit de liberté et d'égalité sauvage mais vigoureux, comme celui qui régnait dans les forêts de la Germanie et sur les bords de la mer du Nord et de la Baltique, et ils conservèrent longtemps dans leur nouvelle patrie, cet esprit intact et sans mélange. A la vérité leurs institutions sociales, qui avaient eu jusqu'à ce moment la forme d'une confédération de différentes tribus ou peuplades, prirent, afin de maintenir leur nouvelle conquête contre les vaincus et les opprimés une forme un peu plus raide, plus unitaire; il se forma un grand nombre de principautés ou royaumes qui avaient chacun leur chef particulier, qui, pour arriver à une plus grande unité se réunissaient parfois sous un chef supérieur. Il est vrai que, au lieu des assemblées de tous les hommes libres et des guerriers qui, dans la vieille Germanie, décidaient de la guerre et de la paix ainsi que du mien et du tien, du juste ou de l'injuste, parut une représentation plus aristocratique, le Wittenagemot, composé des grands propriétaires, des commissaires du roi et des juges de chaque district. Seulement les bases fondamentales de la liberté générale restèrent intactes: la justice communale, l'égalité sociale, l'absence d'une véritable noblesse héréditaire et d'une dépendance féodale des petits sous les grands propriétaires.

Cet état dura jusqu'à la conquête des Normands, en l'an 1066. Elle substitua à l'état de liberté et d'égalité un état de despotisme et de féodalité. Les indigènes Anglo-Saxons furent très-durement opprimés par ces intrus étrangers; mais en même temps, ceux-ci, contraints pour défendre leur domination contre une population subjuguée, mais qui était beaucoup plus nombreuse qu'eux-mêmes et qui les égalait presque par le courage, adoptèrent une constitution à peu près militaire et rigoureusement monarchique. Le premier roi normand d'Angleterre, Guillaume-le-Conquérant, soumit ses fiers et hardis guerriers à sa toute-puissance tout aussi systématiquement qu'il se servit d'eux pour maintenir dans l'asservissement le peuple vaincu des Anglo-Saxons. Cette double politique, que ses successeurs suivirent exactement, devait servir à garantir au royaume une plus grande puissance et à empêcher l'apparition d'un trop puissant Satrape, comme cela avait eu lieu en France; seulement, au lieu de cela, elle conduisit à un résultat tout opposé, par suite de l'empêchement apporté par des circonstances particulières qui se présentèrent. Pour maintenir la noblesse normande sous sa dépendance, Guillaume conserva les institutions démocratiques de la justice et de l'administration qu'il avait trouvées chez les Anglo-Saxons, avec cette différence que les employés, au lieu d'être élus par le peuple, l'étaient par le roi. Guillaume organisa également l'armée d'après le même esprit monarchique-démocratique. Au lieu que, comme chez les Francs, chaque guerrier fût soumis d'abord directement à son seigneur, puis par lui au roi, Guillaume prit à foi et à serment chacun de ses sujets en particulier, sans aucun intermédiaire.

Par suite de cette politique du roi normand, la noblesse ne pouvait pas faire peser sa puissance sur les autres classes du peuple. Le système de la féodalité ne put jamais, même après la conquête, se répandre et s'enraciner comme sur le continent. Sous la même pression d'un pouvoir royal illimité et sans être séparés par aucune distance sociale, la noblesse normande et le libre Anglo-Saxon se réunirent peu à peu, et il suffit de l'heureuse influence d'événements intérieurs pour les voir tous deux liés et tenir tête au despotisme du roi. Lorsque le roi Jean-sans-Terre appela à son aide ses barons pour disputer son fief français, qui lui avait été dénié par le roi Philippe-Auguste, ceux-ci exigèrent pour prix de leur assistance, des droits libéraux importants, cependant pas pour eux seuls, mais pour toutes les classes, pour tout le peuple. Puis lorsque le roi, peu disposé à faire de semblables concessions, s'adressa à la deuxième classe de la noblesse, aux chevaliers, ceux-ci se lièrent avec les barons, et la bourgeoisie de la capitale, Londres, déjà alors riche et puissante, fit cause commune avec eux.

Le résultat de cette opposition commune de tous les états fut la grande lettre libérale ou la Magna-Charta de Jean, le premier fondement du système représentatif ou du constitutionnalisme en Angleterre. Toute la liberté et la justice dans l'État ont pour point de départ: que la personne et les biens de chacun sont inviolables. La seule garantie que l'on pût donner était d'abord la protection de la justice, par conséquent l'indépendance et la considération des juges, puis le pouvoir accordé de participer à la fixation des charges à supporter par chacun pour les frais de l'État et les dépenses de la couronne, suivant le droit et la justice, et la fixation de ces frais et dépenses. Les Anglais entrèrent en jouissance de ces deux droits fondamentaux accordés par la Magna-Charta dès le commencement du 13e siècle (1215). D'après elle aucun homme libre ne pouvait être arrêté, mis en prison, privé de ses biens, banni ou maltraité de n'importe quelle manière, excepté en vertu d'un jugement de ses pairs et suivant les lois du pays. Aucun employé du roi ne pouvait traduire quelqu'un en justice sur sa propre requête, mais seulement sur la déposition de témoins dignes de foi. La haute justice aussi bien que celle de chaque comté devait être indépendante, et cette dernière ne devait fonctionner qu'avec le concours des habitants du comté auquel elle appartenait. Toutes les charges arbitraires et corvées furent abolies, aucun impôt seigneurial ou tout autre ne devait être exercé si ce n'est par le conseil général de l'état, excepté un impôt proportionnel pour racheter la personne du roi quand il se trouvait retenu prisonnier, pour la promotion à la chevalerie de son fils aîné ou le mariage de sa fille aînée. Une lettre royale appelait aux assemblées générales du royaume, les archevêques, évêques, abbés et grands barons, chacun personnellement, et en plus, mais en corps, tous ceux qui possédaient un fief royal, c'est-à-dire les chevaliers du comté. En même temps il était prévu que les hauts barons ne pussent pas traiter leurs inférieurs autrement qu'eux-mêmes l'étaient par le roi.

On alla plus loin sur cette voie ouverte. Plus souvent il arrivait que les rois essayassent de retirer les concessions accordées ou à les limiter, d'autant plus énergiquement la noblesse et la bourgeoisie les voulait conserver et faire confirmer. Chaque attaque contre la Magna-Charta s'est terminée par la nécessité d'une nouvelle confirmation et une plus grande extension des droits qui y sont garantis. Depuis 1215 à 1422 (sous le règne de la maison d'Anjou ou Plantagenet), ainsi pendant un peu plus de deux siècles, il y eut trente-sept confirmations de la Magna-Charta. Le point relatif à l'octroi des charges et impôts par la libre volonté, du parlement, fut notamment de nouveau confirmé dans les termes les plus illimités. Il en fut de même de celui qui déterminait que les libertés accordées ne pouvaient pas être abolies ou restreintes par le roi seul, mais seulement avec le consentement du parlement. Dans le cas contraire, non seulement tous ceux qui avaient coopéré à la violation du pacte national juré, seraient passibles des peines temporelles les plus sévères ainsi que, de la part des archevêques, des peines spirituelles, ou de l'excommunication, mais encore le peuple entier était autorisé à refuser l'obéissance au roi qui se serait rendu coupable de ce crime, et à se soulever contre lui sans pouvoir en être puni.

Déjà à cette époque les Anglais faisaient tous leurs

efforts pour remplacer la royauté absolue par un gouvernement essentiellement constitutionnel.

Les événements extérieurs vinrent encore en aide à tous ces efforts. La guerre de succession faite pendant presque tout un siècle, avec de courtes interruptions, par les rois anglais de la maison d'Anjou contre le rois de France de la maison de Valois, rendit les premiers continuellement dépendants de leurs vassaux guerriers et de leurs riches villes, dont ils devaient solliciter l'assistance.

Pendant cette guerre le conseil de l'État ou le parlement fut assemblé soixante-dix fois dans l'espace de cinquante ans. Cette circonstance eut aussi une grande influence sur la situation du parlement. Le système du service féodal ordinaire ne pouvait plus suffire pour faire une guerre si longue et si éloignée des frontières du royaume; il fallut enrôler des troupes soldées. On fut donc obligé d'avoir recours, non plus seulement aux représentants de la force guerrière féodale, aux haut barons et aux chevaliers, mais aussi aux représentants de la finance, à la bourgeoisie des villes. D'après le principe une fois reconnu que personne n'était contraint à supporter une charge au consentement et à la répartition de laquelle il n'avait pas participé personnellement ou par des représentants, on dut, à partir de cette époque, appeler les villes à faire partie du parlement. On suppose que c'est dans l'année 1263 que, pour la première fois, eut lieu la convocation de deux chevaliers de chaque comté et de deux représentants de chaque ville ou de chaque bourg.

Ces représentants qui étaient élus (ils furent nommés *commoners* du nom de commune qu'ils représentaient), se séparèrent depuis 1339 en vertu de leur propre autorité, des grands temporels et spirituels et formèrent la Chambre dite basse ou Chambre des communes (house of commons).

Sous l'empire de la marche naturelle des circonstances, le pouvoir et l'action du parlement se développèrent peu à peu. Déjà en 1312, sous Édouard II, il fut établi qu'au moins chaque année le parlement serait convoqué. Ainsi l'influence du parlement sur toutes les affaires de l'État devint régulière, pour ainsi dire continue. En même temps, par la force des événements extérieurs et celle de la puissance qu'il possédait sur les circonstances, le cercle de son action s'étendit toujours de plus en plus. On ne se contenta bientôt plus de prétendre seulement à une décision dans les affaires qui dépendaient du consentement qui lui était demandé par la couronne, comme la guerre ou la paix, mais on prenait occasion de chacun de ces consentements pour exiger comme condition la réforme d'abus ou l'obtention de concessions de la couronne; de sorte que bientôt il n'y eut aucune partie de la législation et de l'administration sur laquelle le parlement n'eût une action directe ou indirecte.

Cette base fondamentale du parlement anglais des temps anciens n'a subi jusqu'à nos jours, dans son ensemble, que peu de changements. L'usage de son droit lui a été plusieurs fois — par force ou par ruse, par l'influence de la politique extérieure ou par la faiblesse de ses propres membres — enlevé pour plus ou moins de temps; la puissance royale s'est agrandie aux dépens de celle parlementaire quelquefois presque au-delà de toute borne; pourtant les fondements du constitutionnalisme lui-même sont restés fermes et semblables à ce qu'ils avaient été plusieurs siècles auparavant, et il suffisait de les rétablir dans leur ancien état, de les confirmer, à peine de leur donner une plus grande extension, pour faire participer de nouveau le pays aux bienfaits d'une liberté régulière. Semblables à un rocher qui, inondé parfois par les vagues ou couvert par le sable et le limon de la mer, disparaît à la vue, mais reparaît à la fin, toujours le même et dans son immuable solidité, de même les fondements de la liberté anglaise, posés à une époque de sauvagerie et de grossièreté apparente, et en même temps de la grandeur de l'Angleterre, ont toujours résisté à toutes les tempêtes extérieures et intérieures — par exemple la tyrannie des Tudor fondée par la capacité et la fermeté personnelles de leurs ancêtres, celle résultant de la fourberie et de la lâcheté des Stuart, le grand changement de mœurs et de rapports sociaux qui entraîna la réforme religieuse, ainsi que les dangers que présente assez souvent pour la liberté politique un rapide et grand développement de l'industrie, les orages de la révolution et une guerre civile de beaucoup d'années, puis le violent contrecoup de la restauration qui la suivit. Et ce qui précisément fut cause que la constitution anglaise sortait de pareilles crises, victorieuse et intacte, et même presque toujours plus forte et plus pure, c'était que jamais le peuple anglais n'avait besoin, et ne le tenta jamais, de conquérir des libertés nouvelles et encore inconnues, ou des institutions dont il fallait d'abord faire l'expérience, imaginées sans données certaines, mais que toujours il n'avait à lutter que pour le rétablissement, l'affermissement, au plus l'apurement et le perfectionnement de libertés éprouvées et possédées depuis longtemps, d'institutions politiques et sociales incontestables. La pétition du droit (petition of rights) que le parlement adressa en 1617 au roi Charles I, Stuart, l'acte de l'habeas-corpus qui renfermait des garanties pour la sûreté personnelle de tous les sujets contre les arrestations et emprisonnements dépendants du bon vouloir d'un seul, promulgué sous le règne de Charles II (1679), et même l'acte célèbre de 1689, qui fixe les droits et les libertés des sujets et l'ordre de succession au trône, le fruit de cette lutte constitutionnelle de plus de soixante-dix années et le fondement du droit public encore existant en Angleterre — toutes ces nouvelles lois constitutionnelles se reportent textuellement à d'autres plus anciennes ou aux plus anciennes, et ne renferment rien en effet qui n'ait déjà existé dans leurs principes fondamentaux ou leur essence.

Dès le commencement les Anglais montrèrent un instinct très-juste pour la liberté; aussi firent-ils d'abord tous leurs efforts pour obtenir les droits qui sont le principe, le point de départ de tous les autres, et ils prouvèrent la finesse de leur tact politique en ce que, lorsqu'ils furent en position — soit par voie légale ou par l'emploi de moyens extérieurs — d'obtenir de leurs souverains des concessions, ils profitèrent des circonstances, moins pour augmenter leurs droits et leurs libertés, que pour rétablir dans toute leur intégrité celles qu'ils avaient déjà possédées, mais qui leur avaient été arrachées par l'abus de la force, et obtenir de nouvelles garanties de leur inviolabilité.

C'est par cette voie essentiellement pratique que le système représentatif est parvenu à un état de perfection et de stabilité auquel n'est arrivée aucune des constitutions du continent, qui ont été élaborées avec tant de soin et pour arriver à une prétendue perfection systématique. Dans aucune on ne voit aussi intimement unis les trois éléments naturels de l'État et de la société modernes, le monarchique, l'aristocratique et le démocratique, et fonctionnant si régulièrement l'un auprès de l'autre. Nulle part on ne voit l'autorité de la couronne aussi grande, aussi inviolable, sa puissance pour avoir soin des plus hauts intérêts de la nation, aussi étendue, et cependant nulle part autant qu'en Angleterre, la puissance royale n'est aussi garantie contre l'abus du pouvoir, et la sainteté du nom royal contre les taches que pourrait jeter sur lui l'erreur ou la faute de celui qui le porte. Nulle part le rang de la naissance, la propriété des grands biens et la fortune, n'ont des occasions plus sûres de posséder dans l'État et dans la société des positions distinguées et d'acquérir une influence bienfaisante sur la communauté, et pourtant il n'y a pas d'aristocratie au monde qui moins que l'aristocratie anglaise, soit en état et aussi moins disposée à exercer des droits oppressifs ou une force préjudiciable sur les autres classes du peuple. Nulle part le principe de la vraie souveraineté du peuple, le principe que toute force émane du peuple, n'est mis en pratique comme en Angleterre, mais nulle part aussi cette mise en pratique n'est mieux réglée par de sages limites et garantie contre les abus. Les droits de chacun des trois pouvoirs, qui, ensemble — suivant le droit public anglais — forment les grands corps législatifs et gouvernementaux du royaume, ou le parlement (dans la plus grande extension du mot), la couronne, la Chambre haute et la Chambre basse, ne sont pas très-exactement, sous le rapport de la théorie et du principe, déterminés et limités les uns vis-à-vis des autres; mais ils sont tellement réglés par d'anciens précédents et une pratique intelligente, qu'il pourrait à peine survenir un empiétement de l'un dans le domaine de l'autre ou même des discussions pour déterminer les limites de ce domaine. Le roi d'Angleterre a le droit incontestable de refuser sa sanction aux décisions des deux chambres et de, par là, les annuler; personne ne peut légalement l'empêcher d'user de ce droit et même pas seulement une fois et pour un temps déterminé, mais toutes les fois que les deux chambres renouvelleraient la même décision; cependant dans l'usage ce droit est tellement tombé en désuétude, par suite du principe fermement établi qu'aucun ministère ne peut subsister s'il n'a pour lui la majorité du parlement, qu'un refus de la sanction royale à n'importe quelle décision importante des deux chambres, n'a pas eu lieu depuis un temps immémorial. Le principe même dont nous venons de parler, le principe du dit gouvernement parlementaire, ne repose également sur aucune loi écrite, mais sur des précédents, par conséquent sur un usage d'autant plus ferme et indubitable. Le roi en Angleterre peut, suivant la loi, choisir ses ministres et les remplacer avec une liberté toute aussi illimitée qu'aucun monarque de la terre, mais la prudence lui interdit d'en choisir d'autres que ceux qu'il sait avoir dans le parlement et surtout dans la Chambre basse, une majorité suffisante, ou de renvoyer ceux qui possèdent cette majorité. S'il voulait agir autrement, il en résulterait tout simplement que le ministère n'ayant pas un nombre suffisant d'adhérents dans les deux chambres, se trouverait paralysé dans toutes ses mesures par le vote légal et systématique de l'opposition, et que, s'il voulait persiter à rester à son poste, la Chambre basse lui refuserait les moyens financiers nécessaires à tout gouvernement. Il en résulte donc, en fait, que c'est le parlement et surtout la Chambre basse qui fait et défait les ministères; seulement la nomination et la dissolution est un droit formel et incontestable de la couronne; et c'est ainsi que non-seulement la dignité de la couronne se trouve sauvegardée, mais encore que, lorsque le souverain est un homme d'État supérieur et jouissant de la confiance populaire, il peut prendre sur lui cette tâche utile pour le bien public, quand le moment est venu de changer le ministère, de juger si l'opinion du parlement contre lui est trop forte, trop bien fondée et sytématique, et s'il est nécessaire de céder à cette opinion si elle est en effet l'écho de la nation elle-même, ou, dans le cas contraire, s'il y a lieu de dissoudre la chambre et de faire, par de nouvelles élections, un appel au peuple et reconquérir une majorité en faveur du gouvernement; ou bien savoir quelle nouvelle combinaison ministérielle pourra avoir de meilleurs rapports avec le parlement, etc. Il est arrivé, sous le règne actuel de la reine Victoria, qu'un ministère whig, qui répondait par conséquent aux sentiments politiques personnels de la reine, reçut un échec de la part des Tories liés avec les soi-disant radicaux et l'opposition irlandaise, dans la Chambre basse, et fut, par là, contraint de se retirer, qu'alors la reine, se conformant fidèlement aux précédents parlementaires de son pays, fit appeler le chef des Tories et lui offrit de composer un nouveau cabinet; puis que celui-ci, comprenant parfaitement que la majorité de la Chambre basse et le pays tout entier n'étaient point pour son parti, refusa cette mission; que la reine rétablit les Whigs au pouvoir et qu'alors les Tories eux-mêmes cessèrent de faire de l'opposition au gouvernement, regardant comme illégal et contraire à leur devoir envers leur pays de rendre le gouvernement impossible au pouvoir existant, alors qu'ils se trouvaient dans l'impossibilité d'en constituer un autre.

C'est ainsi qu'en Angleterre tout est réglé par l'action loyale et intelligente de tous les pouvoirs: la couronne d'une part, les deux grands corps représentatifs de l'autre, qui constituent la machine gouvernementale de ce puissant royaume, laquelle fonctionne de la manière la plus facile et la plus avantageuse pour le bien-être de tous.

Il en est de même dans les rapports réciproques entre les deux Chambres. Au fond toutes deux ont la même part dans la confection des lois et dans le gouvernement, excepté que, depuis longtemps, les bills financiers sont une prérogative légale de la Chambre basse, qu'ils doivent tout d'abord lui être soumis et que la Chambre haute ne peut que les adopter ou les rejeter dans leur ensemble, sans rien changer dans les détails. Cependant, au moins depuis la révolution de 1688, la Chambre basse est devenue incontestablement l'agent décisif du gouvernement, en ce sens que c'est sa majorité qui conserve les ministres au pouvoir ou les en éloigne. Le premier ministre actuel, lord Palmerston, disait franchement au parlement, lorsque la Chambre haute vota contre lui et ses collègues à l'occasion de la guerre en Chine, qu'un ministère, tant qu'il possédait la confiance de la Chambre basse, n'avait pas à se préoccuper d'un vote contraire de la Chambre haute. La Chambre des communes représente véritablement l'ensemble de la nation, tandis que celle des Lords n'en est qu'une petite partie. Et, quelque soit la valeur des grandes propriétés foncières, celle de la fortune également foncière et mobilière représentée dans la Chambre basse, est incomparablement plus grande. Déjà il y a plus de deux siècles, sous Charles I, la fortune collective représentée par les membres de la Chambre des communes était estimée à plus du double de celle des membres de la Chambre des Lords, et cette proportion prend un tout autre caractère, lorsque l'on réfléchit que chacun des membres ne représente pas seulement sa propre fortune ou revenu, mais encore celle de ses électeurs et par conséquent de tout le comté ou de la ville pour laquelle il siége au parlement. La constitution met à la disposition de la couronne un moyen pour mettre fin à une résistance trop opiniâtre de la part de la Chambre haute contre la Chambre basse et le ministère qui en dépend, c'est celui de la nomination de nouveaux pairs; mais ce moyen est presque tombé en désuétude dans le temps moderne, car les Lords, convaincus de l'inopportunité d'une trop longue résistance de leur part contre les mesures nationales adoptées par une forte majorité de la Chambre des communes, regardent toujours comme de leur devoir de renoncer à une opposition par trop persistante.

Il serait à peine possible d'énumérer les droits du parlement en Angleterre, comme on les trouve détaillés dans les autres constitutions écrites, parce que, comme nous l'avons dit, le parlement réunit en lui-même non seulement tout le pouvoir législatif, mais encore, par son influence sur l'existence du ministère, en quelque sorte tout le pouvoir gouvernemental lui-même. Le parlement peut tout, dit un proverbe anglais, excepté changer un homme en femme ou une femme en homme.

La composition de la Chambre des communes n'a presque pas subi de changement depuis les temps les plus reculés jusqu'à nos jours. Chaque comté avait de droit envoyé au parlement deux représentants. Des écrivains anglais admettent que les chevaliers ou soi-disant petits barons avaient eu, dans le principe, le droit personnel de siéger dans les conseils du roi, mais, par la suite, ils avaient trouvé plus commode de se faire représenter par quelque-uns d'entre eux. Cela explique l'égalité de nombre des représentants des comtés.

Quant aux villes et bourgs, il n'y avait pas de règles positives et générales. Comme le droit de siéger au parlement était regardé comme un corollaire de la participation aux dépenses de l'État, il est probable qu'il ne fut accordé qu'aux villes et bourgs desquelles on réclamait ou demandait de s'imposer. Du reste dans le temps où commença la représentation des communes dans le parlement, il n'y avait en Angleterre que peu de villes et de bourgs. On peut admettre que tous ou la plupart furent représentés, mais ce n'était point en vertu d'un droit général et établi par une loi, mais seulement un privilége qu'on leur accordait. Par la suite des temps il fut accordé aux communes nouvellement fondées ou ayant acquis une plus grande importance, un pareil privilége — partie en vertu de la prérogative royale, partie par décision du parlement; par contre quelques-uns des anciens priviléges furent suspendus, soit parce qu'on n'en fit point usage, soit parce que la couronne et ses agents ne voulurent pas les respecter. Il y eut également quelques changements par les mêmes causes dans la représentation des comtés, mais en petit nombre.

Quelque vives qu'aient été, à différentes époques, les luttes pour les droits du parlement, sa constitution n'a été que très-peu l'objet de disputes ou même de discussions. Les prérogatives aristocratiques des Pairs elles-mêmes n'ont été qu'une seule fois et pour un très-court espace de temps (après l'exécution de Charles I et l'établissement de la république sous le protectorat de Cromwell), sacrifiées au mouvement démocratique du temps; mais même Cromwell sentit bientôt la nécessité du rétablissement d'une Chambre haute, tant les anciennes institutions historiques sont profondément enracinées dans le souvenir et les habitudes de la nation!

La répartition des siéges à la Chambre basse, telle qu'elle avait été établie dans les temps antérieurs, avait sous beaucoup de rapports perdu toute proportion, par suite du grand développement qu'avait pris la civilisation depuis cette époque. Des communes qui, au moment de cette répartition, n'existaient pas ou n'étaient que de pauvres villages, étaient devenues des villes grandes et importantes par leur industrie; des villes qui autrefois avaient été riches et importantes, avaient diminué peu à peu et disparu en partie. Cependant les premières n'étaient pas représentées au parlemement, tandisque les secondes étaient encore en jouissance de leur privilége. Des villes comme Manchester, Birmingham, Brighton, Greenwich, même trois des grands districts de Londres: Tower, Hamlets, Finsbury et Marylebone, n'étaient, pour cette cause, pas représentés: en tout 42 villes d'une plus ou moins grande étendue et comprenant une part très-considérable de la population et de la fortune nationale de l'Angleterre. Par contre il y avait plus de 50 bourgs méritant à peine ce nom — dits *rotten boroughs*, bourgs pourris —, ne consistant plus qu'en quelques maisons, et qui envoyaient encore comme du temps de leur splendeur, deux représentants à la Chambre basse; il y en avait 30 autres qui ne possédaient qu'une population très-médiocre et qui usaient de leur droit parlementaire en envoyant chacune un représentant.

Ces inégalités étaient depuis longtemps devenues très-sensibles. La rapide augmentation de la population et du bien-être, résultant de l'immense développement de l'industrie et du commerce, se trouva, par suite de la stabilité des institutions représentatives du pays, privées du droit si important d'être représentée dans le parlement. D'un autre côté, l'aristocratie des grands propriétaries fonciers, qui en outre ne manquait pas de moyens de s'enrichir, sut profiter de ce mode suranné pour acquérir, aux dépens même de l'industrie et du commerce, des monopoles agraires et autres. Elle eut à sa disposition un grand nombre de siéges des bourgs pourris à la Chambre basse, tandis qu'elle était en plus représentée par ses membres en personne à la Chambre haute. Dans aucun autre pays on n'aurait supporté aussi tranquillement et aussi longtemps une semblable exclusion d'une si grande et si importante part de la population et une si grave inégalité en faveur d'une seule classe de la société; cela eut lieu en Angleterre, parce que l'aristocratie n'était hostile au bien-être d'aucune classe de la nation et parce que la force de l'esprit public était trop grande et trop irrésistible, pour qu'un abus de cette sorte, bien qu'en principe si vicieux et intolérable en apparence, parût bien sensible dans l'usage.

Du reste ce fut bientôt après les grandes guerres avec Napoléon, que la nation commença à remarquer avec plus d'attention sa situation intérieure, et qu'elle sentit le besoin de changer ce fâcheux état des choses. Cependant il s'écoula encore douze années et plus avant que le premier auteur de la réforme électorale, lord John Russell, parvînt, comme ministre de la couronne, à présenter le premier bill de réforme, et après une lutte longue et opiniâtre avec la Chambre haute, le 4 juillet 1832, ce bill fut adopté comme loi. En vertu de cette loi, 50 bourgs d'Angleterre et de Galles furent entièrement privés du droit d'envoyer des représentants au parlement, 30 autres ne purent en envoyer qu'un seul au lieu de deux; par contre 20 communes, qui jusqu'alors n'avaient pas été représentées, eurent le droit d'envoyer un député et 22 autres celui d'en envoyer deux. Parmi les comtés, quelques-uns particulièrement riches en population furent divisés en plusieurs districts, et par là le nombre de leurs représentants se trouva doublé pour les uns et triplé pour les autres. C'est ainsi que le comté d'York eut six représentants en trois districts, 26 comtés en eurent chacun quatre à élire, 7 chacun trois, 9 chacun deux; 10 autres par contre furent réduits à un. Depuis l'acte de réforme, il y a en tout en Angleterre et Galles 341 représentants de villes et districts, y compris les deux villes universitaires d'Oxford et Cambridge, et 159 représentants des comtés. Pour l'Écosse, le nombre de ses représentants fut en même temps élevé de 45 à 53 (30 pour les comtés, 23 pour les villes); la représentation de l'Irlande fut également élevée de 100 à 105 députés (64 pour les comtés, 39 pour les villes et districts, 2 pour l'université de Dublin). Depuis cette époque deux districts ont encore perdu le droit de représentation, et ainsi le nombre total des membres de la Chambre basse s'élève actuellement à 654.

L'acte de réforme apporta encore un deuxième changement dans le système représentatif de l'Angleterre, ce fut dans le mode d'élection ou la répartition du droit électoral par colléges, comtés et villes.

Le droit électoral avait appartenu dans les plus anciens temps à tous les propriétaires fonciers libres. Sous Henri IV, dans le 15ᵉ siéle, ce droit avait été limité par la fixation d'un minimum d'étendue de la propriété. L'acte de réforme donne ce droit à tout franc tenancier (freeholders) avec un revenu foncier de 40 sh. ou 50 francs, aux propriétaires de biens-fonds à bail emphytéotique ou viager (copyholders) d'un revenu de 10 liv. st. (250 fcs.), enfin aussi aux fermiers avec bail à temps quand ils sont affermés pour 60 années et avec un fermage net de 10 liv. st., ou pour 25 années avec un fermage de 50 liv. st. (1250 fcs.), ou pour un temps indéterminé avec un fermage de 50 liv. st.

Jusqu'en 1832 l'exercice du droit életoral dans les villes et les bourgs variait d'après les antécédents locaux. L'acte de réforme laissa subsister quelques-uns de ces priviléges électoraux (par exemple pour certains membres de corporations ainsi que les propriétaires de biens de ville), mais régularisa le droit électoral par commune d'après une base générale et uniforme, de sorte que chaque propriétaire ou locataire d'une maison, comptoir, magasin, boutique, d'une valeur annuelle d'au moins 10 liv. st. (250 fcs.), peut être électeur, à la condition d'être en possession depuis une année et d'avoir complétement acquitté ses droits pour les pauvres.

L'acte de réforme établit de semblables règles pour l'Écosse et l'Irlande, avec les quelques modifications nécessitées par les circonstances locales.

L'éligibilité, ou le droit de siéger comme député à la Chambre basse, était depuis le règne de la reine Anne, ainsi depuis la fin du 17e siècle, dépendant de la possession d'une fortune déterminée. Cette restriction que l'acte de réforme de 1832 laissa subsister, fut abolie par un acte du parlement de l'an 1858. Une autre restriction qui obligeait l'éligible à appartenir au collége électoral qui devait l'élire, était déjà tombée en désuétude et fut définitivement abolie en 1774.

L'acte de réforme n'a apporté aucune espèce de modification dans la composition de la Chambre haute. Elle est formée des Lords spirituels (les hauts dignitaires de l'Église anglicane, tous les archevêques et évêques d'Angleterre ainsi que d'un des archevêques et trois évêques irlandais à tour de rôle), des Lords temporels ou Pairs d'Angleterre qui, en vertu d'un droit personnel siégent et votent à la Chambre, et d'un nombre de Pairs écossais et irlandais qui sont élus par leurs égaux pour les représenter. Le chef de l'État a le droit de nommer de nouveaux Pairs; cette dignité est héréditaire par primogéniture, excepté pour les Lords spirituels, puisqu'elle est une des prérogatives de leur charge. Le nombre des membres de la Chambre des Lords est actuellement de 460 environ.

Telle est l'histoire du système représentatif en Angleterre. Elle est simple, mais pleine d'enseignements. On y voit que, dans ce pays, la liberté politique et les institutions parlementaires sont de la plus haute antiquité; que ces institutions ne ressortent pas de plans tracés sur le papier d'après des théories générales, mais ont pris naissance, se sont développées et se sont consolidées par des voies purement et exclusivement historiques. Il n'y a, dans l'histoire du constitutionnalisme anglais, rien de superflu, de hasardé, d'exagéré; aucun droit n'est exigé, aucune liberté sollicitée à cause du principe, en raison d'une conséquence logique, mais rien n'y manque de ce qui semble nécessaire à l'usage complet et assuré de tout droit politique important. Le doctrinaire, qui recherche partout le système, l'ensemble logique, l'exécution systématique d'une idée philosophique dans toutes ses conséquences, trouvera peut-être quelque chose à opposer contre l'organisation gouvernementale de l'Angleterre, ou des lacunes à signaler; mais le politique pratique, qui n'envisage que les effets réels mais non la philosophie ou la perfection abstraite et la symétrie du système, devra avouer que les résultats sont évidents, qu'ils ne laissent que peu, ou même rien à souhaiter, que loin d'être seulement passagers, ils sont durables et à base solide, qu'en un mot, la machine du système parlementaire anglais fonctionne avec une parfaite régularité — *it works well* — comme dit l'Anglais avec une juste fierté.

CHAPITRE DEUXIÈME.

DES INSTITUTIONS REPRÉSENTATIVES EN FRANCE.

L'histoire de France présente, par rapport au sort et à l'action des institutions représentatives dans ce pays, un tableau diamétralement opposé à celui que nous avons vu dans le royaume des îles britanniques. Bien que leur commencement date de la même époque, elles ne parvinrent pas à se consolider et à s'étendre de la même manière, elles semblent plutôt n'avoir été que locales et de courte durée; même on les voit disparaître entièrement pendant longtemps et faire place à un despotisme absolu. Lorsqu'elles reprennent enfin le dessus, ce n'est qu'après un ébranlement violent et convulsif de tout le système gouvernemental et social. Formées alors tout à coup, d'après des conséquences toutes doctrinaires, elles surpassèrent les institutions anglaises en perfection systématique, ou pour ainsi dire logique, au même degré qu'elles en furent surpassées en stabilité dans la pratique; elles ne présentent dans le cours subséquent de leur histoire, qu'une suite d'expériences politiques, qui, même encore aujourd'hui, ne permettent pas une conclusion positive et satisfaisante, ou bien plutôt en paraissent plus éloignées que jamais.

L'ancien royaume des Francs dans les Gaules, qui a donné naissance à la France actuelle, eut en apparence la même origine que celui des Anglo-Saxons dans les îles britanniques. Ce fut également une colonie militaire de Germains qui s'établit au milieu d'une population celtique, la subjugua et s'empara du pays. Mais en observant de plus près les circonstances, on y découvre une notable différence. Lorsque les Anglo-Saxons, sous la conduite de Hangist et de Horsa, débarquèrent en Angleterre, eurent subjugué leurs alliés, les Bretons indigènes qui les avaient appelés à eux, et se furent emparés du pays, ils ne rencontrèrent pas, à ce qu'il paraît, une grande résistance. Les Bretons n'étaient pas très-courageux, ni guerriers; de même qu'ils n'avaient pu résister aux Pictes et aux Scots, ils se laissèrent facilement subjuguer par les Saxons, qui appartenaient à la race la plus vigoureuse et la plus guerrière de la Germanie; ils se retirèrent devant eux sur les côtes les plus éloignées et les montagnes, ou restèrent dans le pays, se mêlant avec leurs vainqueurs, et cultivèrent comme domestiques, le terrain dont ils avaient été jusqu'alors les propriétaires.

Il en fut autrement dans les Gaules. Les Gaulois ne le cédaient presque en rien aux Germains pour la force du corps et la bravoure. Ils nommaient eux-mêmes les peuplades sauvages d'outre-Rhin, leurs germains et frères (d'où vient le nom que les Romains donnèrent aux Allemands). Ils avaient dans des temps très-reculés, bien avant les Cimbres et les Teutons, porté l'effroi dans la puissante Rome et l'avaient prise, puis répandu la gloire de leurs armes dans le cœur de l'Asie. Ils avaient soutenu des combats sanglants contre le plus grand des généraux, contre César, et furent domptés bien plutôt par la civilisation des Romains que par la force de leurs armes, et reçurent de ceux-ci, en même temps que le bon et le mauvais de la civilisation la plus raffinée, les connaissances et l'habitude de l'art le plus parfait de faire la guerre. Les Romains avaient même occupé de tout temps ces provinces avec leurs meilleures armées et cherché à les défendre contre le voisinage menaçant des peuples barbares de l'Allemagne.

Lorsque vers la fin du 5e siècle ap. J. C. (environ 50 années après la conquête des îles britanniques par les Saxons) une autre confédération de tribus germaniques, les Francs, fonda une colonie militaire dans l'empire Gallo-Romain, sur les bords de la Seine, et soumit peu à peu tout le pays qui se trouvait sous la domination des Romains — depuis les environs de la Manche, jusqu'aux Pyrénées et la Méditerranée, et de l'autre côté jusqu'au Jura et les Vosges —, elle avait alors un adversaire, il est vrai considérablement déchu de son ancienne puissance et de sa grandeur, affaibli, démoralisé, abattu, et pourtant qui ne pouvait être dominé qu'à l'aide de toutes les forces du vainqueur. Les Francs qui s'emparèrent des Gaules, avaient été autrefois en rapports divers avec le pouvoir romain que plus tard ils anéantirent, tantôt comme alliés, tantôt comme troupes soldées; ils avaient appris à connaître la discipline romaine, les bases de ce puissant empire toujours brillant par les dehors bien que profondément altéré au dedans, et l'avaient considéré non sans une certaine admiration.

Ainsi donc, pendant que d'un côté une nécéssité extérieure contraignait les Francs à concentrer leurs forces, les institutions et les traditions laissées par la domination romaine, que trouvèrent les vainqueurs et dont ils avaient déjà subi l'influence dominatrice, ne donnèrent aux possesseurs du pouvoir politique que des moyens trop séduisants d'étendre et de consolider ce pouvoir. Les chefs des intrus francs qui s'établirent peu à peu sur le territoire qui avait appartenu aux Romains, ne négligèrent pas d'utiliser ces moyens pour leur avantage et celui du jeune État qu'ils voulaient fonder. Au lieu du duc qu'ils se choisissaient librement et qui n'avait qu'un pouvoir temporaire, ils s'en donnèrent un stable qui bientôt devint un roi héréditaire. Les rapports de fortune qui étaient presque sans aucune importance, dans les temps de sauvagerie et de simplicité, pour les rapports politiques et sociaux, acquirent dans le nouvel État, fondé sur les ruines de l'empire romain, une influence prépondérante et peu favorable à la liberté et à l'égalité. Le conquérant des Gaules, Clovis, se regarda comme l'héritier naturel et propriétaire de tous les biens très-considérables de l'État et de la couronne, qu'avaient auparavant possédés les empereurs romains. Il partagea une partie des domaines de l'État entre ses généraux et ses principaux guerriers, ou en laissa une autre aux grands des

Gaulois et des Romains qu'il trouva en possession de ces biens comme gouverneurs de certaines parties de territoire, et cela pour les enchaîner au nouvel ordre de choses.

En ce sens le nouvel État Franc se rapprochait davantage de l'Angleterre après sa conquête par les Normands qu'après l'invasion des Anglo-Saxons. Pourtant le résultat fut tout différent. Soit que la suprématie de l'aristocratie, qui s'était enracinée déjà chez les Gaulois et développée ensuite sous la domination des Romains, finît par exercer son empire sur les vainqueurs eux-mêmes, soit que la faiblesse et la désunion des successeurs de Clovis favorisât la naissance d'un système de féodalité toute puissante et indépendante, soit enfin que — par suite du grand développement que prit peu à peu le royaume des Francs, et que parmi eux se trouvait un certain nombre de tribus allemandes qui formaient alors encore autant d'États indépendants (comme les Bourguignons, les Goths, et même plusieurs peuples de l'ancienne Germanie, comme les Thuringiens), la puissance royale n'eût pas assez de force pour exercer directement et seule son pouvoir sur tous ces peuples — bref, il arriva tout le contraire de ce que nous avons vu dans l'Angleterre normande, sous Guillaume-le-Conquérant et ses successeurs. Tandisque dans ce pays la royauté d'abord soutenue par le sentiment si vif dans le peuple, de la liberté et de l'égalité et les traditions des vieux Germains, contenait toujours l'aristocratie, et que par suite d'abus de son pouvoir elle fut cause que la noblesse et le peuple se réunirent pour se défendre contre son despotisme, nous voyons, dans le royaume des Francs, l'élément aristocratique ou féodal prendre le dessus, aux dépens de la monarchie aussi bien que de la démocratie, affaiblir la royauté, opprimer et tyranniser le peuple.

Ce fut en vain que la deuxième race des rois francs — connue sous le nom des Carlovingiens — surtout le plus puissant de tous, Charlemagne, essaya d'arrêter ce dangereux développement de l'état de la nation, et, ainsi que les premiers rois normands l'avaient fait, de fortifier la monarchie en l'appuyant sur l'élément populaire; sous les successeurs de Charles, les effets de son règne se perdirent peu à peu, et moins d'un siècle après lui, ce royaume de France si puissant et en apparence si fermement consolidé, se trouva divisé en presque soixante principautés en quelque sorte indépendantes et de plus ou moins grande étendue.

Un de ces princes, et même pas un des plus puissants, le comte de Paris et duc de Franconie, entreprit la tâche hardie de relever le sceptre avili des Carlovingiens, de lui rendre sa force et sa splendeur, et de réunir sous ce sceptre toute la partie occidentale du territoire Franc. Cette entreprise en apparence si dénuée d'espérances, lui réussit, à lui et à ses successeurs, tellement au-delà de toute attente que, au bout de moins d'un siècle, la puissance souveraine, qui pendant longtemps n'avait existé presque que de nom, redevint une réalité, et les rois Capétiens acquirent une puissance véritable et incontestée, non seulement sur leurs propres domaines, mais encore sur ceux des grands qui, jusqu'alors, n'avaient rendu hommage à la couronne que pour la forme, et devinrent les représentants de la haute justice, les protecteurs du peuple et le point central de l'unité nationale. Tandis qu'en Angleterre la noblesse s'était faite le défenseur du droit et de la liberté de toutes les classes contre le despotisme des rois, en France, depuis les Capétiens, ainsi depuis la fin du 10e siècle, ce fut la royauté qui prit sous sa protection, au nom du bien-être de tous et de la justice, les classes inférieures de la population, surtout la bourgeoisie des villes, contre l'oppression de la noblesse, qui luttait toujours pour conserver ses anciens priviléges. Aussi la puissance royale gagna toujours en force et en autorité, tandisque la noblesse perdait dans la même proportion de son importance politique. Malheureusement ce mouvement ne tourna que dans une petite proportion à l'avantage de la liberté, et dans une grande à celui de l'absolutisme personnel des princes. Les anciennes traditions de l'empire romain reprirent le dessus à la faveur du prompt développement du droit romain. Sur les ruines de la féodalité s'éleva un état exclusivement monarchique, qui avait pour base une église nationale dépendante du pouvoir souverain, un appareil administratif très-compliqué et une armée entièrement indépendante du bon vouloir des vassaux.

Les institutions populaires, ou si l'on veut, représentatives des anciens Germains, avaient été transportées dans les Gaules par les Francs, aussi bien qu'en Angleterre par les Anglo-Saxons. Seulement, dans le royaume de France, sur les bords de la Seine, elles y avaient subi des modifications dans le sens aristocratique beaucoup plus promptes et plus décisives que dans celui Anglo-Saxon, sur la Tamise — et ce fut une conséquence de la disposition générale des Francs dans le sens que nous avons déjà signalé. Les anciennes assemblées des hommes libres et notables, qui avaient lieu assez régulièrement sous Clovis et ses premiers successeurs — sous le nom de Champ de Mars —, ne furent de plus en plus fréquentées que par les grands, ou, dans tous les cas étant dominées par eux, elles finirent bientôt par cesser tout à fait d'être en usage, parce que les rois regardaient comme suffisant de délibérer avec leur entourage sur les affaires générales du royaume. Les Pépins et Charlemagne les rétablirent, il est vrai, les transférèrent aussi, afin de donner plus de facilité pour y assister, à une saison plus favorable, et firent du Champ de Mars le Champ de Mai; pourtant, on n'y vit paraître que les Seigneurs spirituels et temporels, les gouverneurs et autres fonctionnaires du royaume, et les dignitaires de l'Église, qui y prirent une part régulière et active; mais par contre les hommes libres n'y vinrent point ou y jouèrent un rôle subalterne.

Les Capétiens sentirent aussi le besoin de s'entourer d'une assemblée représentative, c'est-à-dire de leurs vassaux. Cela était d'autant plus nécessaire pour eux, qu'ils n'avaient que ce seul moyen de faire plier les Seigneurs récalcitrants sous leur autorité et de les soumettre au droit général de la nation. Ce que l'un de ces Seigneurs (qui jusqu'alors s'étaient prétendus indépendants, par droit de naissance et de dynastie souveraine aussi bien que le roi lui-même) avait admis et décidé dans ces assemblées des Seigneurs ou Pairs du royaume, ne pouvait plus être discuté, et avait force de loi pour lui et ses domaines. Telle fut l'origine de la cour des Pairs comme assemblée représentative, avec la double mission de composer une haute cour de justice du royaume, surtout dans les procès entres ses membres, les grands vassaux, ou contre la couronne, et de former le conseil supérieur du roi dans toutes les affaires publiques.

La politique des rois Capétiens, d'abaisser la puissance de la noblesse et de la contrebalancer à l'aide de la riche bourgeoisie des villes, introduisit un notable changement dans les institutions représentatives du pays. Philippe-le-Bel convoqua le premier, en 1308, une assemblée générale, connue sous le nom d'états généraux, où le tiers état, la bourgoisie, siégea avec le haut clergé et la noblesse. Ce fut à peu près à la même époque où, en Angleterre, une Chambre des communes prit, conjointement avec la Chambres des Lords, une part déterminée aux actes législatifs des affaires publiques. Seulement les états généraux en France ne parvinrent ni à une durée aussi longue, ni à une action aussi positivement réglée et aussi étendue que la Chambre basse en Angleterre. Ils ne furent presque toujours considérés par la puissance royale, que comme un mal nécessaire ou un expédient auquel on se soumet quand on ne peut pas faire autrement, ou quand on espère remédier par là à un mal plus grand encore, mais dont on cherche à se délivrer aussi vite que possible. Le cours des événements rendit aux souverains français ce dernier résultat aussi facile qu'il fut difficile pour les souverains anglais. La guerre anglo-française qui contraignit les rois anglais de la maison d'Anjou, ou les Plantagenet, à appeler à leur secours leurs barons, chevaliers et bourgeoisies, et de leur accorder en échange de ce secours certaines libertés, donna occasion aux rois français de la maison de Valois, de s'appuyer sur le peuple, en général, de demander, au nom de la nationalité menacée, des sacrifices d'hommes et d'argent de la part de toutes les classes, et de rendre par là la royauté toujours plus forte et toujours plus indépendante. Charles VII qui avait d'abord perdu presque tout son royaume, dont les Anglais s'étaient emparé, le reconquit par la violente réaction de l'esprit national contre la domination étrangère qui l'opprimait et l'avilissait, et put exiger des états généraux, une fois pour toutes, les subsides nécessaires pour entretenir une armée sédentaire, et les états n'osèrent pas les lui refuser. A partir de ce moment les rois de France furent délivrés de la dure nécessité qui contraignait continuellement les rois d'Angleterre de convoquer régulièrement leur parlement et de lui faire toujours de nouvelles concessions pour en oblenir de nouveaux subsides. De plus l'esprit populaire en France était tellement habitué au pouvoir central du roi, que le même Charles VII, alors que çà et là on entendait réclamer une nouvelle convocation des états généraux, pouvait prendre à témoin le consentement général de son peuple, que cette demande n'était ni générale ni fondée.

Les rois qui succédèrent entretinrent dans la nation cet esprit de soumission et d'abnégation à la puissance souveraine, par une politique de conquêtes à l'étranger, afin d'aveugler peuple et noblesse par le prisme de la gloire nationale et par une cour somptueuse à l'intérieur, afin d'attacher, surtout cette dernière, à la personne du monarque et lui apprendre à oublier son indépendance comme position et lui faire préférer son ambition personnelle reposant dans le service de la Majesté. François I suspendit les états généraux et les remplaça par l'assemblée des Notables — convoqués à la volonté du roi —. A l'aide de pareils moyens, la puissance royale devint à la fin si illimitée, que Louis XIV put prononcer son fameux «L'État c'est moi» devant la haute Cour de justice ou le parlement — le dernier débris de ce qui avait été autrefois conseil royal, le *curia regis* —, qui n'était plus qu'une machine entièrement sans volonté, et abaisser la noblesse à l'état d'adorateur aveugle et d'esclave soumis de sa toute-puissance.

C'est ainsi que l'on vit l'état politique et social de la France se développer, par une conséquence presque fatale, dans une direction tout opposée à celle que suivait avec une certaine constance le royaume insulaire d'Outre-Manche. En Angleterre, la royauté tout d'abord absolue et tyrannique perdait peu à peu de sa toute-puissance par l'opposition commune de la noblesse et du peuple, et était réduite à une forme constitutionnelle: en France la royauté faible dès son origine acquit de plus en plus de droits, en mettant en opposition les agents qui étaient contre elle, la noblesse et la bourgeoïsie; s'appuyant tantôt sur cette dernière pour abattre la puissance de l'aristocratie, tantôt réprimant à l'aide de la noblesse les tendances de la bourgeoisie vers une plus grande indépendance. Pendant longtemps la lutte de la royauté contre la noblesse tourna, sous certains rapports, à l'avantage de l'égalité générale et de la justice, mais sa victoire ne servit à la fin qu'à mettre également toutes les classes sous les pieds d'un despotisme presque absolu; tandis qu'en Angleterre, la lutte commune de la noblesse et de la bourgeoisie contre la tyrannie des rois avait servi à fonder une garantie de justice pour tous, de liberté personnelle, de sécurité pour la propriété, et d'une participation régulière aux affaires publiques. La noblesse anglaise se trouva satisfaite d'une position politique élevée et de sa participation à la liberté générale de la nation; elle paya cette position et cette considération, dont elle jouissait parmi le peuple, au prix d'une franche renonciation à tout avantage personnel et d'une participation volontaire aux charges de l'État; par contre, en France, elle perdait sa puissance politique, ou plutôt la sacrifia elle-même en faveur des prérogatives de la couronne, qui les absorbait toutes, mais elle chercha à se dédommager par une plus grande tenacité dans la jouissance de ses priviléges féodaux, par lesquels elle opprimait les basses classes du peuple, surtout celui de la campagne. En Angleterre la noblesse et la bourgoisie se fondaient ensemble sous le rapport politique et social, pour former un seul corps national et puissant; en France elles se posaient en ennemies l'une vis à vis de l'autre; la noblesse, qui de son côté tirait honneur d'être esclave de la royauté, regardait les autres classes comme des esclaves ou Ilotes; le peuple, par contre, confondait dans une même haine le despotisme de la royauté et l'arrogance de la noblesse. En Angleterre eurent lieu des luttes politiques, en partie très-violentes, et même deux guerres civiles bien déclarées, mais au moins le prix de ces calamités avait toujours été une consolidation et l'extension de la liberté légale; en France on vit plusieurs fois la noblesse ou le peuple se soulever; tour à tour la Jacquerie, la Ligue, la Fronde troublèrent la paix du royaume et l'ordre légal, mais le résultat fut toujours le même, c'est-à-dire, une recrudescence de l'absolutisme royal et de la haine entre les partis.

Ce fut surtout sous le règne de Louis XIV que se fit sentir en dernier lieu l'oppression de la tyrannie de la couronne et du pouvoir féodal de la noblesse, ainsi que l'agitation des consciences par suite de l'ignorance dans laquelle l'Église cherchait à laisser le peuple, tellement qu'une réaction était devenue inévitable. Seulement le peuple ne possédait aucun pouvoir légal qui ait pu permettre de diriger et d'arrêter au point convenable ce mouvement d'opposition. On manquait également d'un but déterminé qui eût pu servir de direction positive et naturelle à ce mouvement. Les anciennes libertés constitutionnelles dont on avait joui autrefois sous les états généraux, étaient depuis trop longtemps tombées en désuétude et par conséquent oubliées. Les parlements — dernier reste d'une sorte de pouvoir indépendant de la royauté — étaient sans force. Tout ce qui jouissait encore d'une certaine existence plus ou moins indépendante de la puissance centrale de l'État (comme l'esprit des corps de métiers, les corporations féodales et ecclésiastiques, l'indépendance des provinces les unes vis à vis des autres) était devenu trop ancien, abusif, nuisible au bien public. Il ne s'agissait pas seulement, comme en Angleterre, d'extirper quelques chairs corrompues du corps de l'État pour lui rendre la force et la santé, ici tout était pourri, il n'y avait de remède que dans un traitement radical, dans une régénération de l'État depuis la tête jusqu'aux membres. En raison du manque d'organes préalablement préparés pour une pareille régénération, elle devint l'œuvre du mouvement général des idées, de la philosophie. La philosophie, par son essence, tend naturellement à la solution des principes fondamentaux; elle ne recherche pas ce qui, dans un cas donné, pourrait être le meilleur en pratique, mais ce qui est le plus conséquent au point de vue des idées logiques, et tâche de le réaliser à tout prix. Comme on ne possédait dans le pays lui-même, ni dans les souvenirs de sa propre histoire (aussi loin qu'elle était connue du peuple), aucune espèce de précédent d'une liberté raisonnable et d'une égalité de toutes les classes, il fallut bien rechercher un modèle à l'étranger. Montesquieu étudia les institutions et les lois de tous les peuples et s'arrêta surtout à la Constitution anglaise, comme étant un modèle digne d'être imité en France. Lafayette, entre autres, rapporta de la guerre de l'indépendance en Amérique, les mêmes idées de liberté et d'égalité, mais plus larges et plus nouvelles, en raison du contact avec le sol vierge de la jeune république du nouveau monde.

C'est ainsi que, préparée par une révolution dans les esprits, par une révolution littéraire, éclata la révolutión politique de 1789. La royauté, pour la contenir et maîtriser le mouvement qui ne se laissait plus arrêter, eut recours à ces mêmes moyens constitutionnels que, du sommet de sa puissance, elle avait repoussés avec mépris; mais il était trop tard. On convoqua les notables qui se déclarèrent eux-mêmes insuffisants et proposèrent l'ancienne institution des états généraux. On se résigna donc, quoiquo à regret, à les tirer de leur longue léthargie, croyant avoir par là satisfait aux plus hardies exigences du peuple — mais le premier acte des états généraux fut de changer sa forme féodale du moyen âge, divisée par états, acceptant avec soumission les propositions de la couronne, en une représentation moderne, constitutionnelle, unie et presque souveraine de la nation. Lorsque Mirabeau prononça ses célèbres paroles: «Nous sommes ici par l'ordre du peuple, et nous n'en sortirons que par la force des bïaonnettes», lorsque les députés du tiers état se déclarèrent les seuls représentants du peuple et qu'une partie de la noblesse et du clergé se fut jointe à eux, — la révolution fut accomplie et la victoire de la souveraineté du peuple sur la royauté était décisive.

Dans les premières phases de cette révolution de 1789, le mouvement des idées n'était encore, en quelque sorte, que modéré. Le parti monarchique-constitutionnel avait encore la supériorité dans l'assemblée. La Constitution anglaise fut adoptée comme modèle, avec cette différence que l'on admit des mesures générales plus conformes aux principes de liberté et d'égalité et plus logiques, et que l'élément aristocratique n'eut aucune part dans la représentation de la nation. La Constitution de 1791 est — si nous exceptons celle des État-unis du nord de l'Amérique, la première qui présente un système d'institutions et de droits, entier, complet et logique. Elle commence par une énumération des droits de l'homme ou du citoyen (la liberté civique, l'égalité devant la loi, l'égalité de toutes les contributions et des prétentions aux emplois publics, la sécurité des personnes et des biens, la liberté de la pensée et de la conscience, la liberté d'action personnelle, l'abolition de tous les priviléges et monopoles de la noblesse et de ses anciens droits, celle des corporations, etc.), elle passe ensuite aux mesures fondamentales qui doivent garantir l'exercice de ces droits, établit la division du royaume et la situation des citoyens, et traite dans les plus grands détails des différentes branches des pouvoirs publics, de l'assemblée nationale législative, de la base de la représentation, des élections et des colléges électoraux, des droits du corps représentatif, du roi et de ses ministres, des rapports de l'assemblée nationale avec eux, puis de la justice, de l'armée, de l'administration, etc.

Le pouvoir législatif fut confié à une assemblée nationale qui se composait d'une seule Chambre. Une proposition d'établir deux Chambres, d'après le système anglais, fut repoussé par la majoritée. Elle devait être réélue tous les deux ans et ne pouvait pas être dissoute par le roi. Pour les élections, la France fut divisée de trois manières: 1° en ses 83 départements — chaque département nommait trois députés, excepté celui de la Seine qui n'en élisait qu'un — soit 247 députés; 2° en 249 sections d'après la population — chaque section nommait un député — soit 249 députés; 3° en 249 parties d'après la somme des impôts directs — chaque département envoyait autant de députés qu'il lui était imputé de parties d'après ses impositions — soit encore 249: total des députés 745. Tous les citoyens en jouissance de leurs droits civils, faisaient partie des assemblées primaires et nommaient les électeurs qui, à leur tour, se réunissaient et élisaient autant de députés que leur département en devait envoyer à l'assemblée. Le droit électoral, c.-à-d. d'élection primaire, appartenait à tout Français de naissance ou par naturalisation, âgé de 25 ans et ayant son domicile depuis un an dans la ville ou le canton dans lequel il voulait exercer son droit d'électeur, payant comme impôt la valeur de trois journées de travail et n'étant ni domestique ni aux gages d'un autre. Pour être électeur au deuxième degré, il fallait remplir les mêmes conditions, mais seulement payer un impôt un peu plus élevé; par contre, tout citoyen jouissant de ses droits civils était éligible.

L'assemblée nationale avait le droit de présenter les lois et de les décréter (le roi ne pouvait que l'inviter à délibérer sur quelque chose), de fixer les dépenses publiques, de répartir les impôts; de décréter la nomination ou la suspension aux emplois publics; de décider chaque année, sur la proposition du roi, l'effectif de l'armée et des vaisseaux, pour l'armée de terre et la la flotte; de déclarer la guerre également sur la proposition du roi; d'obliger le roi à traiter de la paix; de ratifier les traités de paix, d'alliance et de commerce.

Le roi pouvait refuser sa sanction aux décrets de l'assemblée nationale, mais seulement deux fois; si pendant trois sessions consécutives le même décret était rendu, il prenait force de loi, même sans la sanction royale.

L'assemblée nationale devait, sans convocation spéciale du roi, se réunir le 1er mai de chaque année. Le roi était autorisé à la convoquer extraordinairement, dans l'intervalle des sessions. Les séances de l'assemblée devaient, en général, être publiques.

Les juges ainsi que les administrateurs des départements et des petits districts, devaient être nommés par le peuple.

Toute démocratique qu'était cette première Constitution de l'an 1791, elle ne tarda pas à être dépassée par les événements. D'un côté le roi Louis XVI ne se croyait pas obligé par la Constitution qu'il avait jurée; d'un autre le mouvement libéral du peuple, depuis si longtemps comprimé et maintenant ayant un essor libre, dépassa bientôt les limites d'un état monarchique-constitutionnel. Après que l'assemblée nationale constituante eût été remplacée par une législative, celle-ci fut — après l'emprisonnement du roi et de sa famille — supplantée par la Convention nationale, qui, élue par les assemblées primaires, proclama la république française, d'abord la déchéance royale et enfin ordonna l'exécution du roi et décréta une deuxième Constitution essentiellement démocratique, qui fut proclamée le 24 juin 1793. Les droits des citoyens et de l'homme en général étaient à peu de chose près les mêmes que dans la Constitution de 1791, mais seulement détaillés en termes pompeux. Quant au système représentatif, on conserva naturellement le principe d'une seule assemblée, et comme base des élections on adopta simplement la répartition par population (1 député par 40,000 habitants), comme mode d'élection le vote direct dans les assemblées primaires de tous les citoyens. Les limites du droit électoral furent beaucoup plus étendues; celle d'âge fixée d'abord à 25 ans fut réduite à 21, le cens fut entièrement aboli. La représentation nationale ou la législative, proposait les lois et rendait des décrets. Les décrets avaient rapport à la constitution annuelle des forces de terre et de mer, en général toutes les mesures de défense, celles de sûreté et de tranquillité générales, ainsi que celles d'administration, etc. Les lois s'appliquaient au droit civil et criminel, les recettes et les dépenses de l'État, l'instruction publique, les déclarations de guerre, etc. Les projets de loi, après avoir été votés par la représentation nationale, pour pouvoir être mises en vigueur, devaient être adoptés par le peuple souverain dans les assemblées primaires. Un conseil exécutif de 24 membres devait être nommé par la représentation nationale sur une liste présentée par les assemblées électorales des départements.

La Constitution de 1793 s'occupa la première et tout particulièrement de l'administration communale; elle devait être nommée par l'assemblée de la commune, de même que l'administration des districts et des départements devait l'être par les assemblées des districts et des départements. Le corps législatif devait déterminer les attributions des fonctionnaires municipaux et des autorités administratives, les règles qu'ils devaient observer, les peines qui pouvaient leur être infligées. Même en république, on ne pouvait pas abandonner la pensée de la centralisation administrative.

Cette Constitution ne fut jamais véritablement mise en vigueur. Proclamée le 24 juin 1793, elle fut déjà suspendue le 12 août de la même année, et une dictature révolutionnaire, sous le nom de Comité de salut public, fut établie pour employer, à l'aide de pouvoirs illimités, toutes les forces de la république pour conjurer les dangers qui la menaçaient. Ce moyen réussit complétement; la république menacée d'une coalition passa bientôt de la défensive à l'offensive et força ses ennemis à faire la paix. La diminution des craintes que les affaires extérieures avaient inspirées, les désordres et les cruautés sanguinaires des terroristes apaisèrent l'opinion publique, les esprits entrèrent dans une voie plus modérée qui l'emporta et dont l'expression fut la Constitution du 23 septembre 1795. Celle-ci admit une double représentation du peuple: un conseil des Anciens et un conseil des Cinq-cents; tous deux étaient élus directement par le peuple et dans les mêmes assemblées; seulement les conditions personnelles d'éligibilité différèrent en ce que les membres du conseil des Cinq-cents devaient être âgés d'au moins 30 ans et habiter la France depuis 10 ans; ceux du conseil des Anciens devaient avoir 40 ans au moins et 15 ans de séjour sur le territoire de la république. Elle rétablit le cens pour les électeurs eux-mêmes et elle arrêta un renouvellement annuel par tiers des membres des deux conseils. Le pouvoir exécutif fut confié à un Directoire composé de cinq membres nommés par le conseil des Anciens, sur une liste présentée par les Cinq-cents.

Cette Constitution n'eut également qu'une courte durée. La discorde éclata dans le sein du Directoire de même qu'entre lui et les deux conseils. Aussi fut-il possible au général Bonaparte, revenu couvert de gloire de l'Égypte, de renverser le Directoire et les deux Conseils par le coup d'État du 18 brumaire (9 novembre) 1799. Il fallait alors établir un nouvel ordre de choses. Sieyès élabora une nouvelle Constitution très-compliquée et théorique, mais qui n'eut pas l'assentiment de Bonaparte, qui lui-même en présenta une autre le 13 décembre 1799, laquelle fut acceptée par le peuple en assemblées primaires le 18 février 1800. Tout en conservant la forme démocratique-républicaine, elle admettait comme point central de l'État, un pouvoir exécutif d'un caractère à peu près monarchique. Le peuple conserva le droit de désigner par le suffrage à différents degrés les notables parmi lesquels on devait choisir les employés des communes, des départements, enfin de tout l'État, mais il n'avait plus de participation directe à leur nomination. Il ne nommait pas non plus les membres de la représentation nationale, qui était composée — d'une manière assez habile — d'après un système particulier en partie de cooptation, en partie de nomination réciproque. Il y avait trois Chambres; le sénat conservateur, un tribunat et un corps législatif. Le sénat était composé de 80 membres qui étaient nommés à vie et devaient avoir au moins quarante ans d'âge. Ce ne devait être que pour la première fois que leur nomination fut confiée au pouvoir exécutif, plus tard il devait se compléter lui-même sur une liste de trois candidats présentés l'un par le conseil du Tribunat, l'autre par le Corps législatif et enfin le troisième par le premier Consul. Le sénat ensuite composait les deux autres Chambres, le Tribunat et le Corps législatif sur les listes des notables élus par le peuple, puis les Consuls, les juges de la Cour de cassation et les commissaires des Comptes. En plus de ces fonctions électorales, le sénat n'en avait pas d'autre que de surveiller (semblable à l'Éphorat dans l'ancienne Sparte) que, dans les élections populaires, les actes du Corps législatif et dans ceux du gouvernement, la Constitution ne fût jamais violée. Il n'avait aucun pouvoir législatif.

Tous les projets de loi émanaient du gouvernement. Ils étaient d'abord soumis au Tribunat, qui était composé de 100 membres âgés d'au moins vingt-cinq ans et renouvelables par cinquième chaque année.

Le Tribunat rejetait ou adoptait ces lois. Il faisait connaître sa décision et les motifs au Corps législatif, par trois de ses membres. Le Tribunat pouvait signaler au Sénat les actes contraires à la Constitution. Il pouvait également manifester ses souhaits par rapport à des projets de loi ou des abus survenant dans l'administration, mais ces souhaits n'avaient aucune force obligatoire pour le gouvernement.

Le Corps législatif était composé de 300 membres qui devaient être âgés d'au moins trente ans. Il se renouvelait également chaque année par cinquième. Il votait les lois au scrutin secret, après avoir entendu les orateurs du Tribunat et du gouvernement, mais sans avoir à les discuter. Parmi les lois figurait celle des finances qui arrêtait les recettes et les dépenses de l'État, ainsi que les décrets sur les déclarations de guerre, les traités de paix, d'alliance et de commerce. Les lois confirmées par le corps législatif, devaient, si elles ne violaient pas la Constitution, être promulguées par le premier Consul dans le délai de dix jours. Le pouvoir exécutif était confié à trois Consuls élus pour dix ans par le sénat et indéfiniment rééligibles. Le premier Consul (Bonaparte) avait sur ses collègues une supériorité évidente de pouvoir et de dignité; il était le véritable régent de l'État, les deux autres n'étaient que ses aides. Lui seul promulgait les lois, nommait et destituait à sa volonté les ministres, les ambassadeurs, les officiers de l'armée de terre et de mer, les membres du conseil d'État — assemblée qui élaborait les projets de loi et résolvait les différends administratifs. — Il nommait aussi, mais sans pouvoir les destituer, les juges civils et criminels. Dans toutes les affaires gouvernementales le deuxième et le troisième consul avaient voix consultative, le premier consul seul avait voix décisive. Les actes du gouvernement n'étaient valables qu'autant qu'ils étaient contresignés d'un ministre. Les ministres seuls et non les Consuls étaient responsables des actes du gouvernement.

Quelle que fût la puissance que la Constitution mettait dans les mains du premier Consul, elle ne tarda pas à devenir insuffisante pour l'ambition et l'amour du pouvoir absolu de Bonaparte. Dès l'an 1802 il se fit nommer premier Consul à vie par le suffrage de tous les citoyens en assemblées primaires et proclamer par suite par le Sénat. En même temps il fit décréter par le Sénat des modifications importantes dans la Constitution; modifications qui en général tendaient à investir le premier Consul de pouvoirs plus étendus encore, à limiter autant que possible l'action du Corps législatif et du Tribunat dans les actes importants du gouvernement, surtout ceux relatifs à la politique extérieure, et de les placer tous les deux sous la dépendance du premier Consul et du Sénat tout dévoué à ce dernier. Le Sénat pouvait enfin — par des senatus-consultes qui étaient toujours provoqués par le gouvernement et dont le projet était préparé par un conseil privé, dont les membres étaient nommés par le premier consul, interpréter la Constitution, la compléter, déclarer des départements entiers hors la Constitution, prolonger l'emprisonnement de personnes arrêtées par mesure de police sous l'accusation de prétendu complot au-delà du temps déterminé par la Constitution, casser les jugements des Cours de justice, suspendre les fonctions du jury dans quelques départements pendant cinq ans, dissoudre le Corps législatif et le Tribunat. Le premier Consul reçut le droit de ratifier les traités de paix et d'alliance sur un simple rapport du Conseil privé, enfin de nommer les Maires et Adjoints des communes. En l'an 1804 Bonaparte prit, encore en vertu d'un senatus-consulte organique, le titre d'Empereur des Français; cette dignité fut déclarée héréditaire dans sa famille par ordre de primogéniture, mais en même temps la Constitution fut encore une fois modifiée pour augmenter la puissance impériale. Notamment l'Empereur reçut le droit de nommer les présidents du Sénat et du Tribunat, ainsi que les sénateurs (à l'exception des grands dignitaires qui y siégeaient de droit), partie d'après son propre choix, partie d'après les listes établies par les assemblées électorales des départements. Enfin disparut en l'an 1807 le dernier vestige d'un représentation indépendante par la dissolution du Tribunat qui s'était parfois rendu incommode par son opposition. En même temps l'âge d'éligibilité des membres du Corps législatif fut élevé à 40 ans.

Ce fut, à l'aide d'une Constitution ainsi préparée et d'un pouvoir entièrement centralisé, que Napoléon Bonaparte fit de cette nation française, à peine dix ans auparavant si indépendante, une nation sans volonté, muette, esclave attentive au moindre de ses signes — aussi longtemps que le bonheur, la victoire et la gloire couronnèrent ses entreprises à l'extérieur. — Lorsque vaincu par l'effroyable rigueur de l'hiver de 1812 et l'opiniâtre résistance des Russes, et après la perte d'une grande et belle armée, il revint seul à Paris; même alors, à la faveur de la gloire de ses anciens faits d'armes et la volonté de fer devant laquelle la nation pliait par habitude avec une obéissance aveugle, il parvint à étouffer l'opposition qui commençait à murmurer, et à obtenir de nouveaux et d'immenses sacrifices pour satisfaire son insatiable ambition. Seulement, lorsqu'un an plus tard, son étoile l'eut entièrement abandonné et que les armées victorieuses des alliés, Prussiens, Autrichiens, Russes et Suédois assiégèrent Paris, il dut voir que le Sénat, qui autrefois par obéissance servile à sa volonté toute puissance avait violé la Constitution, en fit de même contre lui en déposant l'Empereur déchu et en dégageant les Français de leur fidélité envers lui! C'était, il est vrai, pour la France, le seul moyen de pouvoir se mettre d'accord avec les vainqueurs. Un gouvernement provisoire fut nommé, qui, avec l'assistance de l'empereur Alexandre I, élabora une nouvelle Constitution. Le sénat l'accepta et par suite, au nom du peuple français, appela au trône le frère du roi décapité Louis XVI, Louis-Stanislas-Xavier. Cette Constitution — du 6 avril 1814 — partageait le pouvoir législatif entre le Roi, le Sénat et le Corps législatif. Chaque projet de loi devait être proposé à chacun de ces deux corps, mais ceux relatifs aux impôts seulement au dernier. Les sénateurs devaient être nommés par le roi et leur dignité devint alors héréditaire; quant au Corps législatif, il était nommé directement par le peuple, comme dans les premières Constitutions, et la liberté de discussion et le droit de nommer son président, de même que pour le Sénat, fut rétabli. La justice exceptionnelle fut abolie, l'indépendance de la justice fut garantie et la liberté de la presse rétablie.

Le nouveau roi Louis XVIII n'accepta pas cette Constitution, en fit préparer une autre et la proclama le 4 juin 1814 dans une séance du Sénat et du Corps législatif.

Cette « Charte » de Louis XVIII confirmait les principes fondamentaux de la révolution relativement à la liberté individuelle, l'égalité devant la loi, l'égalité de l'impôt et celle des capacités aux emplois publics, la sûreté individuelle, la même protection pour toutes les religions tout en reconnaissant la religion catholique romaine comme celle de l'État, la liberté de la presse tout en la soumettant aux lois en cas d'abus, etc. Elle donnait exclusivement au roi le pouvoir exécutif, notamment le commandement des armées de terre et de mer, le droit de déclarer la guerre, de conclure la paix, de faire les traités, de nommer aux emplois publics. Le pouvoir législatif était partagé entre le roi, une Chambre des Pairs et une Chambre des Députés. Le roi seul pouvait proposer des lois, les Chambres ne pouvaient que le prier de les proposer. Le roi eut naturellement le droit de ratifier ou de rejeter les lois votées par une des Chambres. La nomination des Pairs appartenait au roi, leur nombre était illimité, ils pouvaient être à vie ou avec droit d'hérédité. Un Pair devait avoir au moins 30 ans d'âge pour avoir voix délibérative et le droit de vote. Les princes de la famille royale ne siégeaient à la Chambre des Pairs que sur une invitation spéciale du roi. Les débats de la Chambre des Pairs n'étaient pas publics. La Chambre des Députés devait être renouvelée annuellement par cinquième. Pour pouvoir être député, il fallait être âgé de 40 ans au moins et payer 1000 francs d'impôts directs. Les électeurs devaient être âgés de 30 ans et payer 300 francs d'impôts au moins. La moitié au moins des députés d'un département devait y avoir leur domicile. Le président de la Chambre des Députés était nommé par le roi sur une liste de cinq candidats présentés par la Chambre. Il ne pouvait être fait aucune modification à un projet de loi sans l'assentiment préalable du roi. Les ministres pouvaient être mis en accusation par la Chambre des Députés pardevant la Chambre de Pairs, pour trahison ou malversation. Le jury fut maintenu; nul ne pouvait être distrait de ses juges naturels, cependant le roi se réservait le droit de nommer des Cours prévôtales. L'ancienne noblesse que la révolution avait suspendue, recouvra ses titres, la nouvelle qui avait été créée par Napoléon, conserva les siens; mais ni l'une ni l'autre ne jouissait de priviléges spéciaux.

Après le retour de Napoléon de l'île d'Elbe, en 1815, la Charte fut renversée en même temps que la royauté. Napoléon la remplaça par l'Acte additionnel à la Constitution de 1799, lequel ne différait que très-peu des bases de la Charte de Louis XVIII. Il sentit bien qu'il devait donner à peu près autant de libertés que la vieille royauté qu'il voulait de nouveau renverser.

Le règne de cet empire, pour ainsi dire constitutionnel, fut de courte durée. Louis XVIII revint et avec lui la Charte de 1814. Elle fut pendant quinze ans le pacte légal de la France. Bien que sous son nom, un despotisme temporel et spirituel — par suite des tendances dominatrices de la noblesse et du clergé revenus avec la royauté — s'efforçât de reprendre son ancienne puissance, surtout sous le règne de Charles X, depuis 1825, il se développa, par l'exercice du pouvoir parlementaire, dans la nation, d'abord dégénérée par les désordres de la révolution, puis abattue par le despotisme militaire de l'empire, une tendance à la liberté mesurée et constitutionnelle. Ce fut surtout le parti des soi-disant doctrinaires — Royer-Collard, Guizot, le duc de Broglie et autres — qui s'efforça d'introduire en France les sains principes et les habitudes exactes de la forme gouvernementale de l'Angleterre. L'esprit raide et l'imprévoyance de Charles X et du ministère Polignac mirent des entraves au paisible développement et à la consolidation du constitutionnalisme; la suppression de la liberté de la presse et le changement à la loi électorale — l'un et l'autre publies par simple ordonnance royale, par conséquent contrairement aux prescriptions de la Constitution — entraînèrent en juillet 1830, une révolution qui renversa la maison de Bourbon et porta au pouvoir le duc d'Orléans, chef de la branche cadette, d'abord comme lieutenant-général du royaume, puis comme roi des Français.

La maturité des tendances politiques des Français fut cause qu'alors, malgré un bouleversement si grand qu'il avait renversé une dynastie, ils conservèrent les bases de leur gouvernement monarchique-constitutionnel, en ne réformant à la Charte de 1814 que ce que l'expérience de quinze années avait démontré comme vicieux, et en y introduisant de nouvelles garanties contre le renouvellement de pareilles violations du droit public, dont ils avaient eu le plus à souffrir. Parmi celles-ci figuraient l'abolition absolue de la censure et l'annulation de l'ancienne désignation de la religion catholique comme religion de l'État. De plus il fut expressément déterminé que des troupes étrangères ne pourraient être admises qu'en vertu d'une loi: on n'avait que trop bien appris à connaître les mercenaires Suisses comme de dangereux champions du despotisme.

Le droit de proposer des lois fut cette fois réparti entre le roi et les deux Chambres. L'hérédité de la pairie fut abolie; le roi conserva le droit de nommer les Pairs à vie, en nombre illimité; il devait les choisir parmi de certaines catégories déterminées de notabilités. Les séances de la Chambre des Pairs devaient être publiques comme celles de la Chambre des Députés. On abaissa les conditions d'âge et de cens pour le droit électoral, de sorte que le nombre des électeurs qui, sous la dynastie précédente, n'était pas seulement de 100000 se trouva dès-lors doublé.

Ce fut avec cette Constitution que Louis-Philippe régna à peu près 18 ans, ainsi un peu plus longtemps que les Bourbons avec celle de 1814. Ceux-ci étaient tombés parce qu'ils avaient violé les libertés garanties par la Constitution de 1814; Louis-Philippe tomba parce qu'il ne put pas se résoudre à étendre les limites de la liberté posées par la Constitution de 1830. Il est donc tout aussi dangereux de retenir le mouvement libéral du peuple guidé par ses aspirations politiques, que de violer ses droits consacrés.

Ce fut un fait étrange que ces mêmes doctrinaires, qui sous Charles X avaient lutté pour la liberté contre la réaction, luttèrent alors pour la stabilité contre le progrès. C'était le contraste du soi-disant pays légal, ou la petite minorité des plus hauts imposés et des électeurs privilégiés par la loi contre l'immense majorité du peuple privée du droit électoral (environ 250,000 sur une population de 35 millions ½) que le ministère Guizot ne voulut pas faire disparaître et qui fut cause de la révolution de 1848 qui renversa non seulement une dynastie mais encore la royauté.

Ainsi donc la France, après plus de cinquante années de vaines luttes et une suite de Constitutions — et en même temps autant d'expériences politiques — était revenue au même point d'où elle était partie en 1793; elle avait passé de la république par le consulat et l'empire, à une restauration de royauté par la grâce de Dieu, puis à une royauté par la volonté nationale, et était enfin de nouveau livrée à la république. Mais la nature de cette seconde république était bien différente de celle de la première de 1793. Cette république de 1793 naquit d'une explosion formidable mais naturelle de la force native du peuple dans toute sa sauvagerie, mais aussi dans toute son énergie, après une oppression sans exemple de plusieurs siècles. Elle fut le triomphe d'un amour passionné pour la liberté qui, dans ses premiers bouillonnements — comme on le vit par exemple dans les Girondins — avait quelque chose de grandiose, d'exalté et d'exaltant, bien qu'à la vérité elle ne tarda pas à dégénérer en une fureur sauvage de destruction et un nivellement insensé. La république de 1848 n'eut que peu ou pas du tout de cet enivrement poétique de celle de 1793. Elle naquit pour ainsi dire du hasard, ou, si l'on aime mieux, par un escamotage moitié préparé, moitié involontaire, de la part de quelques personnalités qui dirigeaient le mouvement. Elle étonna tout autant la grande majorité des Français que ses propres auteurs; elle fut acceptée des uns par peur, des autres par calcul, de la plupart avec l'assurance assez fondée qu'elle ne durerait pas, et du plus petit nombre avec un véritable dévouement et enthousiasme. La révolution de 1793 avait introduit le tiers état, la bourgeoisie, dans la lutte contre les états privilégiés, la noblesse et le clergé, et contre la royauté soutenue par eux deux et les soutenant; la révolution de 1830 renouvela cette même lutte mais dans des dimensions moindres; dans celle de 1848 il se présenta dans l'arène un nouvel élément, le quatrième état ou le prolétariat. Dans le même moment où l'assemblée nationale constituée par le vote universel du peuple, travaillait à une Constitution pour le nouvel État libre, Cavaignac devait, à la tête de grandes masses de troupes, terrasser le proétariat soulevé dans le combat de trois jours du mois de juin, pour donner la victoire au parti de l'ordre.

La Constitution qui fut proclamée le 4 novembre 1848 par l'assemblée nationale, se rapporte sur beaucoup de points, nommément en ce qui concerne les articles généraux du commencement, à celles de 1791 et 1793, ou la soi-disant proclamation des droits de l'homme. Ces points abstraits, théoriques, tout nouveaux et vraiment servant de bases, du temps de la première révolution, étaient alors, après presque deux générations, passés dans la pratique de la vie publique, par conséquent à peine nécessaires à rapporter, et en partie reconnus par l'expérience comme équivoques et par conséquent dangereux. Aussi vit-on des hommes politiques, comme Thiers, se prononcer contre une semblable exposition de théories générales; mais la majorité de l'assemblée crut ne pas pouvoir se dispenser de prouver par là son attachement à ces principes républicains et de les proclamer de nouveau.

Dans cette même proclamation et dans presque chaque paragraphe on reconnaît la lutte et l'accord obligé de deux tendances différentes: la peur de froisser la masse du peuple ou le prolétariat, en lui accordant trop peu, et la peur non moins grande de lui donner un pouvoir trop grand et dangereux pour le pays, en lui accordant trop. C'est ainsi que le fameux «Droit au travail» fut repoussé dans cette forme trop directe, après un brillant discours de Thiers, mais du moins conservé dans de certaines limites dans ce paragraphe: «La république doit assurer par un secours fraternel, la subsistance des citoyens nécessiteux, soit en leur procurant du travail dans la mesure de ses ressources, soit en donnant des secours directs à ceux qui ne sont pas en état de travailler et qui n'ont pas une famille qui le puisse»; et plus encore dans le paragraphe 13 très-compliqué: «La société favorise et encourage le développement du travail par l'enseignement élémentaire gratuit, par l'éducation pour des professions déterminées, par le nivellement des rapports entre maîtres et ouvriers, par la fondation d'institutions d'épargne et de crédit, par des établissements agricoles, par des associations volontaires et par l'ouverture d'ateliers pour l'emploi des bras innocupés, par l'État, le département et la commune.

Quant à la partie oganique de la Constitution de 1848, elle donne le pouvoir législatif à une seule assemblée et le pouvoir exécutif à un Président de la république nommé pour quatre ans par l'universalité des électeurs et non rééligible immédiatement après l'extinction de son mandat. Le droit de vote jusqu'alors si restreint devint presque illimité. Tout français âgé de plus de vingt-et-un ans et en jouissance de ses droits civils et politiques, était électeur et celui âgé de plus de vingt-cinq ans était éligible. Le vote était direct et secret; l'assemblée devait se réunir sur la convocation du Président de la république ou sur celle de sa commission de surveillance qui devait toujours être en permanence pendant sa prorogation. Les projets de loi devaient être présentés à l'assemblée par le Président ou remis par elle à ce dernier quand ils provenaient de son initiative. Le Président avait le droit de veto suspensif contre les lois votées par l'Assemblée, et un deuxième vote identique suffisait pour les faire entrer en vigueur. Le Président ne pouvait ni proroger ni dissoudre l'assemblée nationale. Il devait disposer de la force armée, sans cependant en prendre en personne le commandement en chef. Il devait discuter les traités et faire ratifier par l'assemblée nationale ceux qui étaient conclus. Il ne pouvait entreprendre aucune guerre sans la sanction de l'Assemblée nationale. Le Président, ainsi que ses ministres et tous les agents du pouvoir public, étaient responsables, chacun dans le ressort de ses fonctions. La Constitution renfermait des mesures toutes particulières pour le cas d'un attentat du Président contre l'assemblée nationale. Une addition ou une revision de la Constitution ne pouvait être décidée que par les trois quarts des voix de l'assemblée nationale; pour exécuter cette décision il fallait nommer une nouvelle assemblée nationale.

Ce fut un fait étrange de voir l'assemblée législative qui succéda à la constituante, dénier le suffrage universel, sa propre mère, et introduire des restrictions dans les facultés électorales (sur la durée du séjour dans le lieu de vote, déterminée par le payement des impôts), qui, d'après le calcul des partisans du suffrage universel, priva trois millions d'électeurs de l'exercice de leur droit.

La Constitution de 1848 ne pouvait exister longtemps. On avait improvisé une république, mais il manquait les républicains. Les soi-disant républicains honnêtes, c'est-à-dire ceux qui voulaient une république avec un gouvernement bien ordonné et dont le général Cavaignac peut être regardé comme le type, ne formaient qu'une faible minorité. Elle fut publiquement vaincue par le nombre des démocrates extrêmes, les apôtres de la souveraineté populaire et les socialistes, les flatteurs du prolétariat, sourdement combattue par les anciens partis royalistes qui, sous le masque de principes conservatifs, poursuivaient leur plan hostile à la république elle-même, et enfin tous divisés entre eux en différents partis, ils furent renversés par l'adresse et la force d'un seul homme qui s'appuya sur la grande masse qui voulait la tranquillité à tout prix, sur la force trompeuse d'un axiome politique, le suffrage universel, et enfin sur les tendances impériales et antiparlementaires de l'armée.

La république disparut par surprise comme elle était apparue — ce qui prouve qu'elle n'avait jamais poussé des racines bien profondes dans les mœurs et les aspirations du peuple. L'habitude de l'obéissance, d'être commandé, sous tutelle et rendu heureux par un seul — habitude que les Français avaient apprise pendant des siècles sous leurs rois, qu'ils avaient conservée sous la première république, mais seulement sous une autre forme, qu'ils avaient vouée à un degré si élevé à Napoléon premier et dont ils ne s'étaient pas entièrement départis sous les monarchies constitutionnelles — cette habitude l'emporta cette fois encore, non seulement sur les institutions républicaines, mais encore sur celles libérales de toute sorte. Pour le prix de cette comédie, le suffrage universel, le peuple français accepta un nouveau maître dont le pouvoir était dix fois plus illimité, et dont le mode de gouvernement était dix fois plus incompatible avec n'importe quelle liberté constitutionnelle, que le pire des abus de priviléges monarchiques, pour lequel on avait détrôné les Bourbons et les Orléans.

Louis-Napoléon jugea à propos, après le coup d'État, de s'entourer aussi d'une forme constitutionnelle. Déjà le 2 décembre il publia une proclamation au peuple, dans laquelle il l'invitait à se prononcer par le vote universel sur les principes fondamentaux d'une Constitution qui devait plus tard être complétée par «les Chambres» (assemblées représentatives qui devaient être constituées par elle-même): 1° un chef responsable de l'État, nommé pour dix ans; 2° des ministres ne dépendant que du pouvoir exécutif; 3° un conseil d'État composé des hommes les plus éminents, préparant les lois et les discutant devant les corps législatifs; 4° un corps législatif discutant et votant les lois, nommé par le suffrage universel; 5° un sénat composé de toutes les notabilités du pays, comme pouvoir pondérateur, gardien de la Constitution et des libertés publiques. Ce fut sous ces principes que Louis-Napoléon déclara vouloir gouverner la France. S'ils étaient repoussés il déposerait son pouvoir entre les mains d'une nouvelle assemblée nationale que l'on devrait élire dans ce but.

Le vote sur ces principes constitutionnels copiés, comme on le voit, sur la Constitution consulaire du premier Napoléon de l'an 1799, donna 7,500000 voix pour et 650000 contre. Ensuite Louis-Napoléon élu

Président pour dix ans, promulgua le 14 janvier 1852, une Constitution qu'il déclare lui-même avoir été faite d'après « les institutions qui n'ont pas disparu par le premier souffle des agitations populaires, mais n'ont été renversées que par l'Europe entière coalisée contre la France » — les institutions du consulat et de l'empire. — Cette Constitution garantissait « les grands principes proclamés en 1789, et qui sont la base du droit public des Français. » Elle confiait pour dix ans le pouvoir exécutif au prince Louis-Napoléon Bonaparte. Il devait « être responsable devant le peuple français auquel il avait toujours le droit de faire appel. » Il commande les forces de terre et de mer, déclare la guerre, fait les traités de paix, d'alliance et de commerce; il a seul l'initiative des lois; les ministres dépendent de lui seul; ils ne sont responsables, que chacun en ce qui le concerne, des actes du gouvernement, le droit d'accusation n'appartient qu'au sénat. Le sénat se compose des cardinaux, des maréchaux, des amiraux et de membres nommés par le Président. Les sénateurs sont inamovibles et à vie. Le Président peut leur accorder une dotation personnelle. Les séances du sénat ne sont pas publiques. Le Président de la république nomme le président et les vice-présidents du sénat. Aucune loi ne peut être promulguée avant d'avoir été soumise au sénat. Le sénat s'oppose à la promulgation des lois qui sont contraires à la Constitution, à la religion, à la morale, à la liberté des cultes, à la liberté individuelle, à l'égalité des citoyens devant la loi, à l'inviolabilité de la propriété et au principe de l'inamovibilité de la magistrature, ou de celles qui pourraient compromettre la défense du territoire. Il règle tout ce qui n'a pas été prévu par la Constitution; il interprète le sens des articles de la Constitution qui donnent lieu à différentes interprétations. Les sénatus-consultes sont soumis à la sanction du Président de la république. Le sénat maintient ou annule tous les actes qui lui sont déférés comme inconstitutionnels par le gouvernement, ou dénoncés comme tels par les pétitions des citoyens. Le sénat peut, dans un rapport au Président, poser les bases des projets de loi d'un grand intérêt national. Il peut proposer des modifications à la Constitution. Si la proposition est adoptée par le Président de la république, il y est statué par un sénatus-consulte. Les modifications aux bases fondamentales de la Constitution telles qu'elles ont été posées dans la proclamation du 2 décembre 1851 et adoptées par le peuple français, devront être soumises au suffrage universel. Le corps législatif se compose des députés qui sont nommés pour six ans, par le suffrage universel, à raison de un député par 35000 électeurs. Ils ne reçoivent aucun traitement. Le corps législatif discute et vote les projets de loi et l'impôt; tout amendement à un projet de loi ne peut être mis en délibération, que lorsqu'il a été adopté par le conseil d'État. Les séances du corps législatif sont publiques, mais il suffit de la demande de cinq membres pour qu'il se forme en comité secret. La publicité par la voie des journaux est réduite au procès-verbal qui est dressé par les soins du président de l'assemblée. Le président et les vice-présidents du corps législatif sont nommés par le Président de la république, Les pétitions peuvent être adressées au sénat, mais non au corps législatif. Le Président de la république convoque et proroge le corps législatif ainsi que le sénat. Un conseil d'État est composé de 40 à 50 membres nommés par le Président et qui peuvent être révoqués par lui; ils reçoivent un traitement. Les ministres sont membres du conseil d'État, qui est présidé par le Président de la république et, en son absence, par un vice-président nommé par lui. Le conseil d'État rédige les projets de loi et les réglements d'administration publique, et résout les difficultés qui s'élèvent dans l'administration. Il soutient, au nom du gouvernement, les discussions des projets de loi devant le sénat et le corps législatif. Le Président de la république nomme les conseillers d'État chargés de porter la parole au nom du gouvernement. Une haute cour de justice, sans appel ni recours en cassation, juge tous ceux qui auront été renvoyés devant elle comme prévenus de crimes, attentats et complots contre la sûreté intérieure ou extérieure de l'État. Elle ne peut fonctionner qu'en vertu d'un décret du Président de la république; son organisation sera déterminée par un sénatus-consulte.

L'année suivante Louis-Napoléon se fit prier d'abord par le sénat, de prendre le titre d'Empereur (pour, comme il est dit dans le sénatus-consulte à ce sujet, donner plus de garantie à la stabilité du gouvernement existant), puis ensuite par un nouveau vote universel sur l'acceptation de la délibération du sénat — ou plutôt de son propre vœu d'un empire héréditaire. Le résultat fut encore plus brillant que celui de l'année précédente. Les bases fondamentales de la Constitution étaient déjà essentiellement monarchiques, même dictatoriales; il était donc inutile ou du moins il semblait à peine possible d'augmenter les pouvoirs du Chef de l'État. Cependant cela eut lieu par le moyen si commode d'un «sénatus-consulte organique». En plus des décisions qui étaient devenues nécessaires par le changement d'une Présidence personnelle en un empire héréditaire, cet acte de révision de la Constitution contenait principalement les points suivants qui rendaient encore plus illimités les pouvoirs du Chef de l'État, lesquels l'étaient déjà à peu près.

Il fut accordé à l'Empereur de modifier les tarifs par suite de traités de commerce que la Constitution lui donnait le droit de conclure, sans la sanction du corps législatif, et cela par une simple publication émanant de lui. Il était accordé à l'Empereur le droit d'autoriser par un simple ordre de cabinet, les entreprises publiques (édifices et autres) et d'y appliquer les ressources de l'État qui étaient nécessaires dans de certains cas, sauf à les faire plus tard sanctionner par le corps législatif. Le vote du budget par le corps législatif éprouva une restriction importante. Il fut déterminé qu'il devait avoir lieu par ministère, de manière que, bien que le corps législatif pût prendre connaissance des détails, il ne devait accorder que les sommes demandées en gros pour chaque département. Il fut même réservé à l'Empereur d'autoriser par un simple ordre les transferts d'un ministère sur un autre. Par contre de ces modifications il en parut d'autres qui donnaient à l'Empereur le droit de grâce et d'accorder des amnisties, puis aussi la présidence du sénat, et qui déterminaient plus exactement les formes restreintes de la publication des séances du corps législatif, ainsi que d'autres de moindre importance.

La Constitution française de 1852 complétée par sa révision en 1853, n'est pas autre chose que l'autocratie dans tout son entier, à laquelle les formes constitutionnelles que l'on a bien voulu lui conserver, servent bien moins de barrière que de facilité commode pour accomplir les volontés personnelles du Chef de l'État. On peut juger de ce qui est possible sous cette Constitution par le décret de sequestre des biens de la famille d'Orléans et la loi de sûreté, tristes corollaires de cet article qui institue le Sénat gardien légal de la liberté personnelle et de l'inviolabilité des biens, ainsi que par l'effroyable croissance du déficit qui devint si énorme, qu'à la fin le ministre des finances Fould proposa lui-même et l'empereur adopta que le Corps législatif exerçât un contrôle actif sur le budget et qu'ainsi l'administration fût, sous ce rapport, arrêtée dans ses propres débordements.

Ce système subsista pendant dix années sans subir de changements — dans ses formes ni dans le parti que l'on tirait de ces formes. Ce que Louis-Napoléon avait dit au commencement de la Constitution: qu'il est responsable devant le peuple français, auquel il a toujours le droit de faire appel, et qui devait en apparence être une garantie pour la Constitution, fut la cause qui étouffa tout progrès politique. Toute tentative, même la plus inoffensive, d'activité politique indépendante dans le peuple, était regardée comme une révolte contre «l'élu de huit millions de voix du peuple», par conséquent comme un attentat contre la souveraineté du peuple, repoussée, voire même punie. La présentation d'un candidat indépendant pour les élections du Corps législatif équivalait à un crime, et fut plusieurs fois l'objet d'une poursuite judiciaire ou administrative dans toutes les formes. Même l'ombre d'opposition dans le Corps législatif était sévèrement jugée par le gouvernement et aussitôt étouffée par la servile majorité. Ce mode si imparfait de manifestation de la volonté du peuple, ouvrant la voie aux erreurs, à la subornation, en général aux abus, ce vote secret en masse — sans un échange libre et public des opinions des votants sur leur vote, non pas seulement sur un cas particulier ou sur une question particulière, mais sur toute une Constitution qui devait être acceptée une fois pour toutes —, ce mode fut utilisé pour rendre impossible et repousser toute autre forme raisonnable, claire, susceptible de perfection de l'acte de volonté du peuple — des élections libres à des intervalles réguliers, les débats parlementaires libres dans une assemblée représentative.

Cependant ce système ne put pas même triompher entièrement et pour toujours, ni sur l'esprit des Français, quelqu'abattu ou intimidé qu'il fût par les excitations et les débordements, les illusions et les désillusions de l'année 1848 et autres, ni sur la nature des choses elles-mêmes malgré tous les efforts tentés pour les dominer. Dix ans après le coup d'État (aussi longtemps dura l'apathie des esprits causée par la réaction de 1848!), l'empereur jugea nécessaire de faire aux anciennes habitudes des Français pour les discussions parlementaires, une première concession, du reste peu importante en elle-même, mais qui pourtant est le premier pas vers d'autres progrès, surtout si, comme c'est le cas actuellement, les anciens partis et les anciennes célébrités parlementaires, qui pendant plus de dix ans s'étaient tenus éloignés de la scène publique, y reparaissent enfin et parviennent par leur talent et leur expérience parlementaire, à ressusciter la liberté de la discussion, quelque limitée qu'elle soit. La susdite concession consiste en ce qu'il est permis au Corps législatif de discuter et de voter une adresse en réponse au discours du trône. Des représentants particuliers du gouvernement, nommés ministres-orateurs ou sans portefeuille, sont députés pour défendre au sein de cette assemblée, les vues et les propositions du gouvernement — institution qui, bien loin de renfermer en elle-même une sorte de responsabilité politique du gouvernement devant les chambres, n'en est pas moins une responsabilité morale en ce sens que les représentants du gouvernement peuvent être publiquement interpellés. La publicité des séances fut rétablie, un procès-verbal détaillé des séances était publié dans le «Moniteur» d'après la sténographie, mais les autres journaux ne purent donner qu'un compte rendu des séances, rédigé sous la surveillance du président de l'assemblée.

Ceci se passait au commencement de 1862. Vers la fin de la même année, suivit une deuxième concession sous quelques rapports plus réelle, ce fut le décret du 24 novembre, par lequel il fut accordé, sur le rapport déjà mentionné de Fould, au Corps législatif, le droit de voter le budget non plus seulement par ministère, mais par chapitre, et d'exercer son contrôle sur les crédits complémentaires (qui à la vérité restèrent en usage comme auparavant) dès la première session et non plus seulement à la reddition de comptes.

C'est dans cette situation que se trouve aujourd'hui le système représentatif en France. Le plus grand obstacle que rencontre dans ce pays un plus grand développement de progrès raisonnable et sa ferme consolidation, est la centralisation immense et même au-delà de toutes bornes du gouvernement français — système composé d'une multitude d'institutions liées étroitement ensemble comme les anneaux d'une chaîne et qui, ce qui est pire encore, a jeté des racines profondes et difficiles à extirper, dans les mœurs, les traditions, dans tout l'esprit de la nation elle-même. En Angleterre la force vitale et l'action irrésistible du parlementarisme repose pour une grande, peut-être même pour la plus grande partie, sur l'absence presque complète de ce même mécanisme bureaucratique-administratif qui s'est développé en France jusqu'à l'excès. Le gouvernement en France avec l'appui de cette armée nombreuse et bien disciplinée d'employés, qui lui est étroitement liée par la législation et plus encore par la nature des circonstances, possède une omnipotence qui arrête tout libre développement et une énergique activité d'agents constitutionnels et cherche toujours à les étouffer par la force ou à les affaiblir par la corruption. Le système de la centralisation lui offre les voies les plus faciles pour l'un ou l'autre de ces résultats. Rien de plus facile que d'influencer les élections dans un pays parsemé en son entier d'une quantité d'employés nommés et destituables par le gouvernement. Et où presque toutes les améliorations dans les établissements publics même dans les plus petites communes, où l'emploi des deniers publics pour des intérêts locaux, où la répartition des concessions et autres faveurs à des particuliers, dépendent presque entièrement du gouvernement, ce sont pour lui autant de moyens de corruption qui lui donnent la facilité d'influencer les convictions et la conscience des députés. Tous les gouvernements en France ont fait usage de ces moyens — la force ou la ruse — un large usage — les Bourbons comme la royauté de juillet, voire même aussi la république. Quant à l'empire, dans sa première forme, sous Napoléon — il avait pris pour levier la discipline militaire, qui ne souffre pas de résistance et avait changé la France entière en un vaste camp où le commandement du général en chef seul pouvait se faire entendre; sous Napoléon III l'adresse a remplacé la force. On a spéculé tantôt sur la peur des propriétaires contre de nouveaux bouleversements, si le système parlementaire reprenait son ancienne prépondérance, tantôt sur le mécontentement du prolétariat auquel on enseigne à voir dans l'empereur le seul soutien et le protecteur du vrai peuple qui (comme on le lui dit et peut-être pas sans raison) a toujours été dédaigné par la «bourgeoise», la maîtresse des destinées de la France sous la domination du système parlementaire. On a exploité, dans l'intérêt de l'autocratisme, tour à tour l'amour-propre national et le désir de l'enrichissement, les passions du soldat et de l'homme de bourse, la dépendance du gouvernement des gros financiers comme de celle des petits rentiers; on a tantôt flatté, tantôt menacé le clergé, et par tous ces moyens on a su s'assurer une grande influence sur les masses, surtout sur la population des campagnes.

C'est ainsi qu'en France, sous aucun gouvernement, la Constitution, le système représentatif, le parlementarisme, n'a jamais été une «Vérité». Et ce qu'il y a de plus étrange, c'est que ceux-là mêmes qui criaient le plus fort que «la charte devait être une vérité» (adage bien connu de l'opposition contre les Bourbons et le programme avec lequel la royauté de juillet entra au pouvoir) ont le plus contribué à rendre ce fait impossible en participant à l'établissement et à la consolidation d'institutions qui étaient précisément un obstacle au développement complet du parlementarisme constitutionnel. Par exemple Thiers et Guizot, les chefs des deux partis principaux qui se sont disputé le pouvoir sous Louis-Philippe, étaient des partisans avoués de cette omnipotence du gouvernement et de ce grand nombre de gouvernants s'occupant de tout, fruits du système de la centralisation administrative, et dont il n'ont commencé à reconnaître combien ils étaient nuisibles à la liberté, que bien trop tard — que lorsqu'ils s'étaient retirés depuis longtemps des affaires politiques. Ni Thiers ni Guizot n'ont dédaigné, comme ministres, de faire un usage très-étendu des moyens d'action qu'offre la centralisation, et à peine y a-t-il eu un plus ardent partisan de ce système, que le célèbre auteur de «l'histoire du consulat et de l'empire».

Dans les derniers temps il a commencé à se former en France une nouvelle école de politiques et d'écrivains qui a reconnu avec beaucoup de justesse ce défaut capital du mode de gouvernement en France, et eu le courage de l'attaquer énergiquement. Le digne chef de cette école, un des plus éclairés et des plus nobles esprits de France, Alexis de Tocqueville est mort, il est vrai — trop tôt pour son pays et pour la haute mission à laquelle il s'était dévoué —, mais les vues et les observations si claires, si fondées et si convaincantes qu'il a déposées dans des ouvrages d'une valeur impérissable comme «La démocratie en Amérique» et «l'ancien régime et la révolution en France», vivent toujours, poussent des racines, se répandent et seront tôt ou tard — pourvu surtout que l'esprit français soit susceptible d'une énergique régénération — très-fertiles en influence sur l'avenir de la France.

Cette école demande, comme première condition d'un salutaire développement du système représentatif en France, et en général de la fondation d'une forme de gouvernement reposant également sur la liberté et sur l'ordre, la décentralisation, c'est-à-dire le transfert d'un grand nombre de fonctions et d'attributions, qui sont actuellement réunies dans le gouvernement central à Paris, en partie aux autorités départementales, cantonales et communales, partie à des organes indépendants issus des populations des départements, des cantons et des communes; elle insiste surtout sur ce dernier moyen que l'on nomme (à l'exemple de l'Angleterre) l'administration du peuple par lui-même. Le constitutionnalisme français tel qu'il avait été enseigné d'abord théoriquement par Montesquieu, puis essayé en pratique par le parti libéral dans l'assemblée nationale de 1789 — à la tête duquel était Mirabeau — avait été calqué sur le système du gouvernement anglais, mais seulement dans son point principal, dans la forme de représentation dont on entoura le gouvernement central. On laissa subsister les bases telles qu'on les trouva; et ces bases étaient: la dépendance des provinces et des communes, de Paris, le manque presque complet d'habitude de la population de toute indépendance communale, l'obéissance absolue aux ordres d'une bureaucratie nombreuse et multipliée. Et même la révolution de 1789 empira encore ce mal en ce qu'elle détruisit l'indépendance et la particularité existante encore au moins sous quelques rapports de chaque province et les remplaça par la division abstraite du pays en départements, en donnant naissance plus tard au despotisme et au terrorisme du pouvoir central — la convention, les clubs, enfin la commune de Paris — qui surpasa celui de l'ancienne monarchie, même celle de Louis XIV.

S'il devenait possible de réformer l'état politique de la France et ses principes fondamentaux d'après le modèle que présente l'Angleterre (naturellement sous réserve des modifications réclamées par les circonstances), comme on a déjà à différentes reprises réformé quelques détails, on pourrait prévoir pour la France un heureux avenir; si non, le peuple français continuera, comme jusqu'à présent, à passer alternativement du régime du despotisme à celui de l'anarchie, sans pouvoir jouir d'aucune tranquillité; il fera de temps à autre une révolution, mais il n'obtiendra aucune réforme stable et satisfaisante; il renversera tel ou tel gouvernement pour plier sous le joug peut-être encore pire, d'un nouveau régime. Une pareille mission réformatrice est difficile à accomplir, mais digne d'un grand génie ou d'un parti courageux et patriotique. Elle exige une rare et immense abnégation, car elle ne peut être accomplie que par celui qui possède le pouvoir, et elle ne peut être accomplie qu'en abandonnant une grande partie de ce pouvoir. Mais une pareille mission accomplie renferme en elle-même la récompense des sacrifices. Un gouvernement qui voudra régner sur la France d'une manière stable, ne le pourra qu'à la condition de procurer des moyens dérivatifs pour ce concentrement anormal dans Paris de toutes les forces et aussi de toutes les passions, d'habituer le peuple français à chercher la liberté moins dans sa participation au gouvernement et la domination d'un autre, que dans une indépendance aussi grande que possible de toute domination et tutelle étrangères et dans la faculté aussi étendue que possible de manifestation de l'opinion particulière, locale et communale. Alors seulement le peuple apprendra à se contenter de son action indépendante dans les affaires de son pays, alors seulement il ne regardera plus la part qu'il a dans la représentation, le parlementarisme, comme un brillant spectacle ne servant qu'à exciter et satisfaire les passions politiques, ou comme un moyen d'arriver aux honneurs et aux emplois, et non plus comme la voie qui conduit au pouvoir et à ses nombreux priviléges, mais au contraire et seulement comme une garantie utile, mais dont on ne doit faire qu'un usage sage et modéré, de la liberté individuelle et d'un gouvernement libéral, un préservatif contre toute atteinte à ces bienfaits, et un contrôle efficace des affaires qui doivent naturellement incomber au gouvernement seul.

Des publicistes bonapartistes ont parlé à plusieurs reprises d'un « couronnement de l'édifice de la Constitution », que l'Empereur devait placer de sa libre initiative. Jusqu'ici il s'est fait attendre en vain. Mais la restitution complète de toutes les libertés constitutionnelles qu'a déjà possédées la France (en admettant que l'empereur Napoléon se décidât à cela) ne serait point pour le pays une garantie suffisante ni pour la liberté, ni pour l'ordre, si en même temps on n'entreprend une réforme des principes fondamentaux de tout le système politique français, une décentralisation régulière et complète.

CHAPITRE TROISIÈME.

L'ALLEMAGNE: HISTOIRE ANCIENNE DES ÉTATS DE L'EMPIRE ET DU PAYS; LES NOUVELLES CONSTITUTIONS DEPUIS LA GUERRE DE L'INDÉPENDANCE; LE CONSTITUTIONNALISME EN AUTRICHE ET EN PRUSSE.

« C'est dans les forêts de la Germanie que la liberté a pris naissance » a dit un auteur romain; et il a dit la vérité. Malheureusement nous sommes contraints d'ajouter qu'il en a été de la liberté pour les Allemands comme d'autres précieuses découvertes, qui ont profité le moins à leurs auteurs.

En effet nous voyons dans l'antique Germanie régner un état de liberté et d'égalité comme on n'en retrouve presque chez aucun autre peuple. La commune, le canton, enfin toute la tribu — chacun de ces districts se gouvernait lui-même et réglait les affaires de ses membres. Dans les assemblées où tout s'administrait, tout homme adulte et en état de porter les armes — aussi bien guerrier que propriétaire foncier — avait droit de vote, l'un tout aussi bien que l'autre. Les autorités qui rendaient la justice (ou plutôt qui mettaient à exécution les décisions des membres de la commune ou du canton) étaient élues par tous leurs concitoyens;

le duc lui-même, qui conduisait la tribu sur les champs de bataille et la commandait, ne devait presque toujours cette préférence qu'à l'élection, à la confiance de ses compagnons d'armes, et déposait son pouvoir dès que sa mission était accomplie, que la campagne était terminée. Le duc et les autres chefs n'avaient dans les délibérations sur les affaires générales de la tribu, sur la guerre et la paix, aucune voix décisive, tout au plus consultative: l'assemblée des hommes libres, des guerriers, seule rendait une décision. Il n'existait point de privilége de naissance, ni de classe particulière, de noblesse héréditaire; il y avait au plus une noblesse de distinction personnelle qu'une certaine tradition et l'opinion publique attribuait à une famille, mais qui devait toujours se renouveler en quelque sorte, et se consolider de nouveau par des services personnels de la part de ses membres. Les différences de fortune ou de rang ne contraignaient jamais les autres parties du peuple à une sujétion quelconque; tous les citoyens étaient entre eux égaux, libres, de même condition — les membres seuls des races vaincues dans la guerre, étaient réduits par les vainqueurs en esclavage et à la domesticité, mais cependant traités sans aucune cruauté.

C'est ainsi que César trouva les Germains; c'est ainsi que Tacite nous les dépeint; c'est ainsi qu'ils sont restés jusqu'à la migration des peuples et qu'ils auraient pu rester plus longtemps encore en partie, s'ils s'étaient conservés intacts de mélanges de races et de civilisation étrangère. Nous avons vu dans les deux chapitres précédents quels changements cet ancien état politique et social des Germains éprouva dans leurs nouvelles patries que fondèrent les Anglo-Saxons dans les îles britanniques et le pays de Galles, et les Francs dans les Gaules. Il est à peine possible de juger avec certitude jusqu'à quel point la partie du peuple restée sur le territoire de ses aïeux, a adopté les institutions, les mœurs, les lois de ce dernier État avec lequel elle se trouvait en contact immédiat, en rapports politiques, ou si elle a persisté dans ses anciennes habitudes. Cependant on peut admettre que l'influence que les Romano-Gaulois exercèrent, et les changements si prompts et si profonds qu'ils opérèrent dans les sentiments et la vie des Francs émigrés, ne se sont pas fait sentir autant sur le véritable sol paternel des races allemandes, des anciens Germains. Il est dans tous les cas certain que, après la séparation définitive de la partie orientale, ou la partie allemande du grand empire des Francs, de la partie occidentale, en un royaume à part (dans le 10ᵉ siècle), son développement politique était tout autre que chez son voisin. Tandis qu'en France — après le passage du pouvoir des éléments aristocratiques à ceux démocratiques — le pouvoir central, monarchique absolu, l'emporta définitivement et promptement, le pouvoir centrifuge ou individuel persista en Allemagne. Trois dynasties, toutes les trois riches en personnalités marquantes et fortes par l'appui des trois grandes races qu'elles représentaient — les Saxons, les Francs et les Souabes ou Gibelins — s'efforcèrent en vain de fonder un pouvoir monarchique ferme et stable et de réunir autour du trône par une obéissance volontaire, les grands qui étaient toujours récalcitrants, ou de les contrebalancer efficacement par la création et l'organisation d'un élément populaire. Après la chute des Gibelins et le long interrègne (dans le 13e siéle), il fut à peu près constant que l'Allemagne ne pouvait pas former un royaume dans le vrai sens du mot, mais seulement une fédération d'États, ou, comme disait très-justement le grand Frédéric de Prusse une « république de princes avec un chef élu ». Les territoires qui étaient primitivement des vice-royautés de l'empire, étaient devenus de véritables États, et se transformèrent peu à peu en une complète souveraineté, tandis que le pouvoir suprême, l'empire, n'était plus qu'une espèce d'accessoire, de dignité honorifique ou la consolidation du pouvoir dynastique de ses anciens titulaires, un moyen non pour l'augmentation de l'emploi complexe des forces de tous les pays allemands, mais pour utiliser ces forces dans un but tout aussi privé que dans les autres domaines princiers.

Nous n'aurons que peu de choses à dire sur l'histoire des états allemands. Il n'ont conservé que pendant peu de temps la force et la vitalité des grandes institutions politiques et encore moins de temps celles populaires et nationales. Ils furent dès le début atteints d'un fatal entraînement au démembrement, et cet entraînement toujours croissant entraîna la chute de l'empire. Si en France les états généraux et le parlement cessèrent d'exister, leur chute du moins tourna au profit du pouvoir royal et, par suite, entraîna une augmentation de la puissance extérieure et de l'unité de l'État; en Allemagne, par contre, la décadence du parlement entraîna celle de l'Empire lui-même et en fut aussi bien la cause que l'effet. De même que l'empire allemand était un objet de moquerie et de mépris pour l'étranger, à cause de sa faiblesse et sa désunion, de même le parlement — la fidèle représentation de cette même désunion et faiblesse — était un objet de moquerie et de mépris pour la nation même qu'il devait représenter et diriger.

Les parlements allemands étaient, à l'époque où ils se réunissaient régulièrement et dans une forme déterminée, divisés en trois colléges: un collége des électeurs (trois spirituels, les archevêques de Mayence, Cologne Trèves, et quatre temporels, le duc de Saxe, le comte palatin du Rhin, le margrave de Brandebourg et le roi de Bohème), un collége des princes et un des villes de l'empire. Dans le collége des princes siégeaient tous les princes qui n'étaient pas électeurs, ils avaient, ainsi que les évêques qui avaient le rang de princes, une voix personnelle, les comtes et les prélats de l'empire votaient par banc ou curiē. Pour qu'une décision du parlement fût valable, il fallait, d'après la Constitution, qu'elle eût réuni la majorité des trois colléges et la sanction de l'empereur; cependant lorsque les deux colléges supérieurs étaient d'accord, celui des villes n'osait pas facilement faire opposition.

Bientôt après la guerre de trente ans (en 1665) le parlement allemand devint permanent, mais en même temps cessa la participation personnelle des princes, qui autrefois avaient donné à cette assemblée une grande splendeur et assez souvent une véritable importance nationale par le poids de la considération et de l'effet de ces grandeurs princières. Tombé à l'état de simple conférence d'ambassadeurs, le parlement se vit de plus en plus condamné à la nullité et renfermé dans un dédale de formalités, qui amoindrirent considérablement son action et son influence. Depuis longtemps le parlement allemand avait eu à lutter beaucoup moins contre l'empiétement du pouvoir impérial que contre la jalousie et le désir de démembrement de ses propres membres, les souverains des territoires partiels. Il devint de plus en plus l'arène où se combattaient les tendances égoïstes des souverains, des corporations spirituelles, des magistrats des villes, qui, chacun à part, s'efforçaient d'étendre leurs droits et leurs priviléges aux dépens des autres et de la nation. Le pouvoir impérial, l'étendue de ses soi-disant droits réservés, diminuèrent de plus en plus, mais ce qu'il perdait, le parlement comme représentation générale de la nation, ne l'acquérait pas, mais bien les divers États comme maîtres du territoire. Tandis qu'en Angleterre chacune des grandes lois fondamentales, constitutionnelles — depuis la Magna-Charta jusqu'à la proclamation des droits du peuple sociaux et politiques de 1689 — tendirent à garantir les libertés générales ainsi qu'à consolider la force et l'unité du royaume, nous voyons en Allemagne presque tous les grands actes politiques, qui ont été arrachés à l'empereur par les états de l'empire ou accordés par sa propre initiative — la bulle d'or de 1356, les diverses capitulations électorales, la paix de Westphalie et autres — dictés par un esprit entièrement opposé, celui d'un particularisme égoïste et de démembrement; et même nous découvrons les traces de cet esprit dans des institutions qui, comme par exemple la justice générale de l'empire établie en 1495, doivent leur naissance à une haute et libre impulsion.

La diète germanique qui remplaça en 1815 l'empire allemand aboli en 1806, est purement une réunion fédérative des États souverains et par conséquent est privée de toute unité et de l'indépendance vis-à-vis des grandes puissances, condition essentielle d'une coopération efficace de toute représentation nationale. C'est pour cette raison que tous les projets d'une «représentation du peuple à la diète» qui sont émanés soit de la nation elle-même ou de quelque parti politique, soit des cabinets des gouvernements (y compris le dernier plan proposé en 1863 personnellement par l'empereur d'Autriche d'une assemblée de délégués, c'est-à-dire un comité nommé par les divers parlements du pays), ne sont pas sortis de l'état de simples désirs ou de projets sur papier. L'assemblée nationale convoquée en l'an 1848 à Fancfort s. M. avait purement un caractère constiuant: elle devait donner une Constitution à l'Allemagne. Cette Constitution fut élaborée au sein de l'assemblée, après une lutte longue et animée, mais elle fut repoussée par les grandes puissances. Une seconde tentative d'une Constitution, en grande partie copiée sur celle du 28 mars 1849 et mise sur le tapis par le gouvernement prussien, n'eut pas un sort plus heureux. L'idée fondamentale et commune de ces deux Constitutions était de fonder un gouvernement monarchique sur les divers souverainetés confédérées, assisté par une représentation nationale armée de pouvoirs très-étendus, consistant en une Chambre des États composée des délégués de chaque gouvernement et représentation, et d'une Chambre du peuple dont les membres seraient élus par le suffrage universel.

Cette idée d'un gouvernement fédératif, monarchique constitutionnel, a encore à présent en Allemagne un grand nombre de partisans sérieux et qui s'augmentent toujours davantage. Mais comme l'expérience de ce plan n'a pas encore été faite, il ne peut qu'être mentionné dans cet apercu purement historique.

Nous voyons dans les divers États allemands se développer une image en petit des formes représentatives de l'empire. De même que les grands vassaux et les villes de l'empire vis-à-vis de l'empereur, les nobles et les corporations des villes forment un pouvoir particulier vis-à-vis de leur souverain. Ordinairement ces soi-disant «états du pays» s'occupent aussi peu des intérêts du pays que les états de l'empire s'occupaient de ceux de l'empire. Là comme ici ce sont les intérêts particuliers et ceux des états qui jouent le rôle principal. Il existe encore en Allemagne un seul exemple de ces anciens états territoriaux de la féodalité, semblable à une curiosité de musée, à une relique d'un temps antediluvien, ce sont les «États seigneuriaux et ruraux des deux grands duchés de Mecklembourg, dont les droits et priviléges ont été confirmés il y a déjà plus de 100 ans (1755) par une soi-disant convention héréditaire avec ses souverains, et en même temps ont été conditionnés dans les plus petits détails, en pas moins de 530 articles. On peut donc facilement y étudier la nature et les conséquences de ce système. Ont siège et voix aux états mecklembourgeois, d'abord tous les propriétaires de biens ruraux (autrefois seulement les nobles, mais à présent on admet les bourgeois), personnellement et en vertu de leur propre droit, secondement les villes jouissant de ce privilége et représentées par leurs magistrats. Il n'est donc pas question d'élections. Les populations rurales qui ne sont pas seigneurales ne sont nullement représentées. Les états seigneuriaux et ruraux se partagent avec le grand duc le pouvoir législatif, de manière que celui-ci exerce seul et sans limite ce pouvoir sur ses domaines ou biens de l'État; mais pour ce qui concerne les actes législatifs applicables à tout le pays, on les divise en «indifférents (c'est-à-dire ceux qui ne touchent pas aux priviléges des états) mais qui doivent concourir au bien de tout le pays», et ceux qui «touchent en tout ou en partie aux droits acquis des états seigneuriaux et ruraux.» Pour les premiers il suffit d'entendre les «réflexions» des états, pour les seconds leur consentement exprès est exigible. Il en est de même pour la levée et l'emploi des impôts. Une partie en est déterminée par les états suivant leur bon vouloir, répartie sur les populations qui dépendent d'eux (les habitants des villes et les vassaux de biens seigneuriaux), et ils en font l'emploi à leur volonté sans même en rendre compte au gouvernement. Une autre partie est fixée par le gouvernement, approuvée par les états et supportée par les villes, les biens seigneuriaux et ceux ruraux. Il y a enfin une autre sorte de dépenses qui sont celles que les états particuliers — les seigneurs ou les villes — font pour leurs besoins locaux et qu'ils doivent couvrir de leurs propres ressources.

C'est un exemple de la constitution et de la manière de anciens états féodaux, comme ils existaient, à quelques détails près, dans la plupart des pays allemands.

Pour être juste, nous devons dire que cette institution est, sous quelques rapports, meilleure en pratique qu'en principe. Dans les anciens temps surtout, et aussi dans quelques périodes ultérieures, ces états contribuaient quelquefois véritablement au bien-être général, quoiqu'il ne soit guère possible de juger s'ils le faisaient dans un but de haute politique, ou parce que dans ces cas l'intérêt général était d'accord avec le leur propre. Nous voyons quelques uns de ces états faire une opposition énergique à l'esprit de prodigalité et de légèreté des princes et leur adresser des paroles mémorables de remontrance patriotique; nous voyons pendant la grande réforme religieuse du 16e siècle, les états de quelques pays, nommément ceux de la Bohème et de l'Autriche, s'ériger en champions et défenseurs de la liberté de conscience contre la politique intolérante et persécutrice des gouvernements; mais il est vrai que par contre nous voyons d'autres fois ces mêmes états, guidés par des intérêts mesquins, égoïstes, de corporation ou privés se mettre en lutte avec les gouvernements qui faisaient valoir contre eux les principes de progrès voulus par les temps et de justice générale.

Ce fut à cette tension aux intérêts et institutions de corporation et exclusifs que les états féodaux durent leur chute. Sans avoir égard à l'opinion publique et même assez souvent regardés par le peuple comme les ennemis du bien-être général, ils n'osèrent plus à la longue résister à la domination ou à la séduction du pouvoir des princes. Quelque grand que fût de sa nature leur droit de consentement (puisqu'en vertu des traités, aucune charge ne pouvait être imposée à eux ou à leurs vassaux s'ils ne l'avaient pas consentie), ils concédèrent de fait toujours de plus en plus de ce droit. Ils n'osaient pas refuser leur consentement lorsqu'il leur était demandé au nom de la religion, ou du bien de la nation, ou de la sûreté du pays. La plupart de ces états avaient eu autrefois le droit et en avaient usé, de se réunir de leur propre autorité, même sans être convoqués par le souverain. Plus tard ils consentirent à ce qu'un petit nombre d'entre eux, formant un comité, traitât en leur nom avec les employés du prince et donnât le consentement aux demandes du souverain, tandis qu'eux-mêmes n'étaient convoqués d'abord que rarement et enfin plus du tout.

Depuis la guerre de trente ans, si ce n'est déjà plus tôt, l'influence de pareils états fut à peu près nulle dans presque toute l'Allemagne. Dans quelques pays, par exemple en Bavière, on laissa subsister le nom, mais on ne les convoqua plus; on se contentait purement de traiter avec les susdits comités des états, que l'on salariait et qui par contre consentaient tout ce qu'on leur demandait. Ailleurs on les dissolut entièrement — comme en Prusse. Ailleurs par contre non-seulement on les conserva, mais encore on les rassembla, mais on étouffa leur opposition par les moyens violents que possède un despotisme sans bornes. En Saxe un Auguste-le-fort et un comte Bruhl purent sans gêne — malgré le contrôle des états — se livrer à leur prodigalité, et lorsque, après la guerre de sept ans, les députés firent des remontrances et s'opposèrent à de nouvelles exigences pour l'armée, dans l'intérêt du pays épuisé, l'administrateur, prince Xavier, fit entourer de soldats la Chambre des états et retint prisonniers les membres assemblés jusqu'à ce qu'ils eussent consenti à ce qu'on exigeait d'eux.

Deux pays, la Hesse électorale et Wurtemberg, faisaient une heureuse exception à cet état qui régna, dans le siècle dernier, dans presque toute l'Allemagne. Ces deux pays étaient depuis longtemps célèbres par le grand esprit de légalité de leurs populations. Cet esprit de légalité avait été tenu en éveil et toujours excité par les actes nombreux de puissance personnelle, de prodigalité et autres passions de leurs souverains, surtout par les attaques qu'ils se permirent contre la liberté de conscience. C'est dans ces luttes fréquentes pour conserver le bien le plus précieux pour l'homme et le citoyen, que le droit parlementaire avait été conservé avec énergie, et presque intact dans ces deux pays, tandis qu'ailleurs il s'était éteint. Dans le Wurtemberg une circonstance particulière vint encore s'ajouter aux autres. Dans toutes les parties du sud-ouest de l'empire allemand, la noblesse était parvenue depuis longtemps à s'affranchir de la suzeraineté territoriale du prince et à acquérir une situation indépendante de l'empire. Les souverains wurtembergeois avaient acquis en partie, même avec l'assistance de leurs villes riches, les biens seigneuriaux et les avaient transformés en domaines. Bref, depuis longtemps, il n'y avait plus dans ce pays de propriétaires fonciers privilégiés, pas de seigneurie; l'élément bourgeois régnait exclusivement dans le parlement. Ce n'était donc pas une louange tout à fait imméritée que l'orateur parlementaire Fox faisait de la Constitution wurtembergeoise, lorsqu'il disait qu'elle était la seule sur le continent, qui pouvait en quelque sorte être comparée à celle de l'Angleterre par la solidité de ses principes historiques et son action pratique.

Mais ces deux Constitutions, celle du Wurtemberg et celle de la Hesse électorale ne purent pas non plus résister au mouvement général des événements qui accompagnèrent la chute de l'empire allemand et la formation de la confédération du Rhin. La Hesse disparut, et avec elle sa Constitution, dans le royaume de Westphalie fondé par la volonté de Napoléon; mais dans le Wurtemberg, comme dans presque tous les États de la confédération du Rhin, les entraves d'un parlement furent entièrement repoussées comme incompatibles avec la nouvelle dignité de souverains européens. Seulement en Saxe on conserva encore l'ombre des anciens états.

Par la guerre de l'indépendance (1812—1815), le peuple, que l'on était habitué à regarder pendant longtemps comme une masse aveuglément soumise, obtint un peu plus de considération et de valeur. Les princes sentirent l'obligation, ou plutôt la nécessité de flatter par des concessions l'esprit de la nation qui avait reconsolidé leurs trônes chancelants et délivré l'Allemagne de la domination étrangère. Une Constitution pour toute l'Allemagne, basée sur des principes populaires et nationaux, fut promise par les souverains alliés de Russie et de Prusse, dans la fameuse proclamation de Kalisch. L'empereur Alexandre dans tout l'entraînement de ses idées libérales et sous la bienfaisante influence du baron Stein s'interposa encore plus tard pour obtenir une plus grande liberté pour la nation allemande, contre la résistance formée par plusieurs de ses gouvernements.

Comme il ne semblait pas possible d'établir un système constitutionnel général et durable pour toute l'Allemagne, les gouvernements libéraux (parmi lesquels comptaient alors en première ligne la Prusse et le Hanovre) se déclarèrent de la manière la plus ferme pour l'institution d'une Constitution particulière et conforme aux besoins du temps, pour chacun des États. Depuis longtemps en Prusse la Constitution avait été préparée par les grandes réformes de Stein et de Hardenberg, et elle avait été solennellement promise en l'an 1815 par le roi Frédéric-Guillaume III. La Prusse et le Hanovre demandèrent dans le congrès que tous les États allemands fussent soumis à la même obligation.

Les nouveaux rois par la grâce de Napoléon, et surtout ceux de Bavière et de Wurtemberg s'y opposèrent, et l'on dut se contenter à la fin de mettre un paragraphe à peu près nul à la place de l'obligation formelle que l'on avait eue en vue.

Cependant, bientôt après le congrès de Vienne et en partie déjà pendant sa durée, des Constitutions furent octroyées dans plusieurs États allemands; pour ceux qui en furent alors privés, ils ne tardèrent pas à en obtenir une, lorsque la révolution parisienne de 1830 vint donner aussi une nouvelle impulsion aux esprits en Allemagne. Bref, dans les 25 ou 30 ans qui suivirent la guerre de l'indépendance, presque tous les États allemands eurent des Constitutions et des représentations d'après le nouveau système, à l'exception des deux grands — l'Autriche et la Prusse — et quelques uns des plus petits.

On prit en général pour modèle de ces Constitutions la Charte française, en y conservant aussi quelques éléments des anciennes Constitutions des états féodaux. La plupart de ces Constitutions donnaient pour attributions à la représentation du pays une certaine participation à l'élaboration des lois, à la fixation des impôts, et à celle des dépenses de l'État, la faculté d'adresser au souverain des suppliques et des plaintes — en leur propre nom, ou en celui des citoyens —, de présenter des propositions pour des améliorations dans les lois ou l'administration. Les limites de ces droits étaient, dans les divers pays, plus ou moins étendues, plus ou moins déterminées. Quant au mode de représentation ou de vote, il y avait la plus grande diversité. Les plus grands États et même quelques-uns des petits eurent deux Chambres. La première était composée de ce que l'on nomme les seigneurs, autrefois les barons de l'empire, d'autres représentants des propriétaires de biens seigneuriaux, et quelquefois encore de dignitaires de l'église, de députés des universités et de représentants des grandes villes. La deuxième Chambre était composée de députés élus. Les Constitutions les plus libérales, par exemple celle de Bade, prenait les électeurs sans distinction, dans toute la population payant un certain cens d'impôt. D'autres, et c'était même le plus grand nombre, divisaient la population, d'après la position ou la profession — en seigneurs, bourgeois, agriculteurs —, quelques-unes y ajoutaient une représentation particulière de ce que l'on nomme l'intelligence, soit l'église, soit le commerce ou l'industrie. C'était une reproduction des anciens états féodaux, seulement avec cette différence que les propriétaires de biens seigneuriaux ne siégèrent plus dans le parlement en vertu d'un droit personnel, mais par l'élection; que les villes ne furent plus représentées par leurs magistrats, mais par des députés nommés librement par les bourgeois; enfin que les cultivateurs qui auparavant n'étaient pas du tout représentés, obtinrent les mêmes droits que les deux autres états. Les conditions à remplir pour être électeur et éligible pour chaque état, étaient également très-différentes: dans quelques pays ce droit était subordonné à une certaine propriété foncière (même dans les villes), dans d'autres à un cens plus ou moins élevé; dans quelques-uns nul ne pouvait être élu par un district où il n'avait son domicile effectif, et autres prescriptions semblables. La seule conformité dans toutes les Constitutions allemandes de cette époque était que (excepté pour l'état des seigneurs) le vote n'émanait pas directement des électeurs primaires, mais indirectement d'intermédiaires ou électeurs secondaires.

On ne doit apprécier ni trop haut ni trop bas les résultats pratiques de ces Constitutions existantes entre 1815 et 1848 dans les moyens et petits États de l'Allemagne. Il y aurait de la démence d'exiger une action à peu près analogue à celle du parlement anglais ou même de celui de France, de parlements qui représentent de petites populations n'ayant encore reçu que les premiers éléments de l'éducation politique, et composées en grande partie d'esprits sacrifiant le progrès à leurs intérêts, et se heurtant contre une bureaucratie compacte, organisée d'après le modèle de la France. Presque nulle part ces petites Chambres ne réussirent à exercer une influence véritable et décisive sur la marche du gouvernement, mais seulement passagère sous la pression d'événements particuliers (par exemple la révolution de juillet en France). Même ils n'étaient ni assez forts ni assez persévérants pour s'opposer efficacement au pouvoir ministériel ou aux atteintes du gouvernement aux droits des états et du peuple; et si une fois les uns ou les autres ont eu recours au dernier moyen constitutionnel, la mise en accusation des ministres, ils ont toujours échoué devant l'obscurité des lois ou le manque d'indépendance politique de la justice.

Pourtant leur action n'a pas été, sous plusieurs rapports, tout à fait infructueuse. Le contrôle public qu'ils exerçaient sur les actes du gouvernement et de ses employés, a en quelque sorte déshabitué la bureaucratie de cette prétention à l'infaillibilité et à l'inviolabilité qu'elle avait eue pendant si longtemps, ainsi que le peuple de cette soumission aveugle aux ordres de cette bureaucratie et de cette inerte indifférence pour les affaires publiques. Des abus d'employés subalternes, qui auparavant était restés pendant des années cachés ou tolérés, furent alors mis au jour dans les séances des Chambres et dénoncés au gouvernement ou à l'opinion publique. Des plaintes des sujets qui n'auraient pas autrefois trouvé le chemin pour arriver jusqu'au trône, purent alors, étant soutenues par le parlement, être certaines d'être sérieusement examinées, et, dans la plupart des cas, d'obtenir une soigneuse attention de la part du gouvernement. Ce fut surtout le chapitre des finances qui toujours subit l'heureuse influence de cette nouvelle institution. La nécessité de déposer publiquement devant les Chambres des comptes réguliers et de donner un exposé clair des détails de l'administration de l'État, était déjà pour le gouvernement un aiguillon assez puissant pour le pousser à l'économie, à l'ordre et à l'exactitude dans cette partie si importante, et pour poser une barrière difficile à franchir à l'arbitraire, la légèreté et la prodigalité dans les revenus et le crédit de l'État et dans la force contributive des sujets, qui, dans les temps anciens, avaient été si pressurés précisément par les princes de ces petits États allemands. Et l'on peut dire que sur ce point — point capital du système constitutionnel! — la plus grande partie des parlements allemands ont montré une plus grande énergie et une plus grande persévérance que sur d'autres. Même les Chambres des seigneurs se sont faites alors quelquefois les champions du privilége du parlement et à la fin le gouvernement était presque toujours contraint de céder devant la résistance des deux Chambres.

Enfin si l'influence positive des parlements n'était que restreinte et douteuse, on ne peut pas du moins lui reprocher de n'avoir pas existé; si elle ne pouvait que rarement entraîner le gouvernement dans une voie de progrès dans la législation et dans les institutions organiques du pays, même lorsque ces progrès semblaient nécessaires et indispensables, du moins elle a pu empêcher de reculer et conserver intacte la mesure des droits accordés au parlement et à ceux qu'il représentait.

L'année 1848 apporta une nouvelle phase dans l'histoire des Constitutions allemandes. L'ardeur que ressentaient depuis longtemps les peuples pour l'augmentation des droits parlementaires et plus encore pour une forme plus libérale de la représentation populaire, mais que les gouvernements avaient pour la plupart réprimées et n'avaient pas voulu satisfaire, éclata avec force par suite du contre-coup de la révolution de février en France. Il en résulta des lois électorales

« basées sur les principes démocratiques les plus larges », comme l'on disait, le suffrage universel par nombre de têtes (sans cens, sans restriction de position ou de propriété) et le vote direct furent le mot d'ordre du jour. On faisait presque partout table rase avec les Chambres des seigneurs.

Un petit nombre de ces nouveaux parlements purent expérimenter par la pratique, leur action et la valeur des principes sur lesquels ils étaient basés. Étant entrés en activité sous la pression d'un mouvement qui avait pris d'autant plus de développement, qu'il avait été depuis si longtemps comprimé par la contrainte et les restrictions, ces jeunes parlements ne pouvaient faire de cette liberté, à laquelle ils n'étaient pas encore habitués, qu'un usage orageux et trop souvent inconsidéré; et avant qu'ils aient pu parvenir à un certain degré de maturité et à user de leurs droits d'une manière fructueuse, la réaction l'emporta de nouveau presque partout et s'efforça avec ardeur d'anéantir par la base tous les produits de l'année 1848 — aussi bien ceux qui étaient utiles que les nuisibles, les sages comme les exagérés —, et même pour la plupart par la voie d'octrois, d'ordonnances. Ce ne fut que dans le royaume de Bavière et quelques petits États — les deux grands-duchés de Saxe-Weimar et d'Oldenbourg, ainsi que le duché de Saxe-Cobourg-Gotha — que l'on conserva à peu près intacte la loi électorale de 1848.

L'événement le plus important de l'année 1848, pour la vie constitutionnelle de l'Allemagne, fut que les deux plus grands États allemands, l'Autriche et la

Prusse passèrent de l'état de l'absolutisme à celui du constitutionnalisme.

L'Autriche n'avait jusqu'en 1848, à l'exception de la Hongrie où il existait depuis des temps reculés une représentation du pays composée d'une manière essentiellement aristocratique, mais avec des prérogatives très-grandes, que quelques restes des anciennes institutions d'états dans quelques-unes de ses provinces allemandes. Dans les dernières années, ces états — en Bohème, dans la basse Autriche —, avaient commencé, après un long sommeil, à donner signe de vie. La révolution de mars 1848, qui renversa le vieux système de Metternich eut pour préambule une représentation énergique des états de la basse Autriche. Pour régénérer la vieille Autriche, on institua un parlement élu d'après le système le plus libéral et on lui présenta une Constitution d'après le modèle moderne. Cependant les événements ne lui permirent pas de prendre vie. Après que le parlement de l'empire, par suite des tumultes survenus à Vienne en octobre 1848, fut d'abord transféré à Kremsier, puis ensuite dissous, il fut proclamé le 4 mars 1849, par voie d'octroi, une Constitution destinée à tous les États de l'Autriche, même la Hongrie; mais elle ne fut jamais appliquée. Un système sévère d'absolutisme bureaucratique, s'empara de nouveau de la direction des affaires publiques et subsista dix années entières. Seulement des réformes en partie assez larges furent octroyées, mais ne touchant pas la politique, par exemple la loi agraire et plus tard la loi sur l'industrie.

La fatale guerre d'Italie en l'an 1859, qui avait entièrement ruiné les finances de l'empire et poussé au dernier point le mécontentement des peuples, porta les chefs du gouvernement autrichien à se décider de rentrer de nouveau dans la voie du constitutionnalisme. Le premier pas que l'on fit, le diplôme du 20 octobre 1860, ne satisfit point et ne rencontra au contraire qu'une forte opposition qui entraîna le gouvernement à faire un second pas en avant. La patente du 26 février 1861 régla la représentation de l'empire ainsi que celle des divers États de la couronne, d'une manière plus conforme aux exigences du temps. Il y fut accordé à chaque province ou « État de la couronne » une représentation particulière; mais de toutes ces représentations il fut formé une représentation générale pour tout l'empire, sous le nom de Conseil de l'empire. Les parlements particuliers sont composés des hauts dignitaires de l'église catholique, du recteur de l'université lorsqu'il en existe une, et d'un nombre de députés élus des grands propriétaires fonciers, des villes et bourgs, ainsi que des chambres de commerce et industrielles, enfin des communes rurales. Les députés des grands propriétaires fonciers sont élus directement (sans électeurs secondaires) par tous les propriétaires, ayant atteint leur majorité, de domaines (biens seigneuriaux), qui payent un impôt foncier annuel de 100, 200 ou 250 florins (l'élévation du cens varie suivant la province) pour un ou plusieurs de ces biens. Les députés des villes et bourgs sont élus directement par la partie la plus imposée des membres de la commune désignés par la loi communale de 1849 pour élire les représentants de la commune; ceux des chambres de commerce et industrielles sont élus par ces corporations. L'élection des députés des communes rurales a lieu par les électeurs secondaires qui sont nommés, un par 500 habitants, par les électeurs de la commune les plus imposés. Est éligible comme député au parlement provincial, tout citoyen autrichien, âgé d'au moins 30 ans, en pleine jouissance de ses droits civils et appartenant à l'une des trois classes d'électeurs du pays.

Le parlement provincial a le droit de participation à la confection des lois; il conclut sur les projets de lois qui lui sont soumis par le gouvernement pour les affaires du pays, et peut de son côté en adresser au gouvernement. Aucune loi n'est valable si elle n'a été consentie par lui. Également pour les lois ou institutions générales qui s'appliquent à tout l'empire, chaque parlement peut faire des propositions, ou, sur l'invitation du gouvernement, donner son opinion. Il surveille la conservation de la fortune du pays, la régularisation des dettes et du crédit, la rentrée des ressources pour les établissements publics (pour lesquelles il peut imposer le pays jusqu'à une certaine somme, par son propre droit, et au-delà avec la sanction de l'Empereur), la fixation et la perception des impôts; il a aussi un droit déterminé de surveillance sur les communes. Chaque parlement confie à un comité provincial l'administration de la fortune du pays et de ses établissements, ainsi que l'exécution des décisions qu'il a prises. Les séances du parlement sont publiques, cependant il peut, dans certains cas, ordonner le huis-clos. L'Empereur nomme le maréchal du parlement ou le président ainsi que son suppléant. Le gouverneur de la province ou les commissaires nommés par lui, ont le droit de siéger au parlement et d'y prendre la parole; le parlement peut demander la présence des membres des autorités gouvernementales pour des communications ou éclaircissements.

Le Conseil de l'empire ou la représentation générale se compose d'une Chambre des seigneurs et d'une Chambre des députés. Dans la Chambre des seigneurs siégent et votent les princes majeurs de la famille impériale et les chefs majeurs des familles nobles propriétaires de grands biens, tous les archevêques et les princes-évêques de l'empire, enfin les hommes distingués dans l'État ou l'Église, les arts ou les sciences que l'Empereur nomme membres à vie de cette Chambre.

La Chambre des députés compte 343 membres qui sont délégués par les parlements provinciaux et élus directement dans leur sein, et de manière que le nombre des membres de la Chambre des deputés applicables d'après l'organisation de chaque pays pour certains districts, villes, corporations, soit pris parmi les membres du parlement de ces mêmes districts, villes et corporations. Sur ces 343 membres, la Hongrie en a 85, la Bohème 54, la Galicie 38, la Transylvanie 26, la Moravie 22, le royaume Lombard-Vénitien 20, l'Autriche en-deçà et au-delà de l'Enns 18 et 10, la Styrie 13, le Tyrol et Vorarlberg 12, la Croatie et Slavonie 9, le duché de Carniole, la Silésie, l'Istrie (avec Görz, Gradiska et

Trieste) chacun 6, la Carinthie, la Dalmatie, la Bukowine, chacune 5, Salzbourg 3. L'Empereur nomme les présidents et vice-présidents des deux Chambres. Il convoque chaque année le Conseil de l'empire. Les attributions du Conseil de l'empire renferment la confection des lois qui ont rapport aux droits, aux devoirs et aux intérêts qui sont communs à tous les royaumes et États de l'empire, surtout l'organisation du devoir militaire, la régularisation des affaires financières, de crédit, de monnaies et de cours, les affaires de douane et de commerce, les bases d'organisation des postes, chemin de fer et télégraphes, en général donc les points principaux de l'administration de l'État, l'examen des arrêtés de comptes de l'État, l'admission de nouveaux emprunts, la conversion des dettes flottantes, l'aliénation, l'échange ou l'engagement de la fortune immobilière de l'État, l'augmentation des impôts existants ou l'introduction de nouveaux, les droits et les contributions. Les impôts, les droits et les contributions sont perçus d'après les lois existantes, tant qu'elles ne sont pas changées par la voie voulue par la Constitution.

Lorsque la délibération porte sur des sujets qui ne touchent que les parties non hongroises de l'empire, les membres non hongrois de l'assemblée se forment en Conseil restreint de l'empire. Les projets de lois peuvent émaner aussi bien de la couronne que du Conseil. Pour qu'une loi soit exécutoire, il faut qu'elle ait l'acceptation des deux Chambres et la sanction de l'Empereur. Le gouvernement peut, en l'absence du Conseil de l'empire, prendre des mesures pressantes, pour lesquelles autrement sa coopération serait nécessaire; cependant le ministère est tenu à exposer à la plus prochaine séance du Conseil, les causes et les conséquences d'un pareil acte. L'empereur a le droit de proroger ou de dissoudre le Conseil. En cas de dissolution, la Chambre des députés doit être renouvelée par de nouvelles élections dans la forme ordinaire. Les séances des deux Chambres sont publiques, cependant l'une et l'autre peuvent décider qu'elles deviennent secrètes.

La Constitution autrichienne est encore trop jeune pour que l'on puisse porter un jugement définitif sur ses effets et sa valeur. Cependant son influence se fait sentir déjà sous deux rapports très-heureux. Elle a évidemment fait faire un pas immense à l'éducation politique du peuple, et amélioré la situation des finances et du crédit de l'empire qui étaient si fortement ébranlés; ce dernier résultat a été obtenu partie par la sévère économie que le contrôle du Conseil a imposée au gouvernement, partie par la confiance dans la situation de l'empire et dans le développement progressif de ses ressources naturelles, qu'a inspirée tant à l'intérieur qu'à l'extérieur, cette adoption des formes constitutionnelles.

L'opposition de partis politiques extrêmes que nous voyons ailleurs si importante et souvent si inquiétante, n'existe que dans une faible minorité au sein du Conseil de l'empire ainsi que des parlements provinciaux. Même la Chambre des seigneurs qui est composée d'éléments exclusivement aristocratiques — il faut le dire à sa louange — a adopté une forme plus élevée et plus libérale, que celle de ces mêmes corps des autres pays, du moins sur le continent. Pourtant ce qui est une difficulté sérieuse pour le développement fructueux des institutions constitutionnelles dans l'empire d'Autriche, c'est l'énorme diversité des peuples et nationalités qui sont réunies sous un seul sceptre. Déjà pendant le peu de temps écoulé depuis l'introduction de la Constitution de février, des luttes ardentes ont eu lieu — aussi bien dans le Conseil que dans les parlements provinciaux — entre le parti « des autonomistes » qui veulent une plus grande indépendance pour chacune des nationalités et surtout pour celles non-allemandes, et le parti « des centralistes » qui mettent en première ligne l'unité de l'empire et la centralisation des intérêts généraux. Cependant les éléments de liberté et de publicité que développe la vie constitutionnelle, semblent affaiblir peu à peu la force de ce désir de démembrement. L'idée de l'unité de l'empire sous des formes libérales constitutionnelles et avec l'indépendance convenable des différents États restreinte à de justes bornes (ainsi qu'il résulte de la Constitution de février), a évidemment gagné du terrain même dans les pays où jusqu'alors l'opposition avait été la plus forte, par exemple en Bohème. La Hongrie seule ou plutôt les Magyares résistent avec opiniâtreté contre l'institution d'un État général constitutionnel de l'Autriche. Cette opposition a sa raison d'être non pas seulement dans le vif attachement des Hongrois pour leurs anciennes institutions, mais encore et peut-être même bien davantage dans la crainte, du reste assez juste, qu'il serait dangereux d'abandonner des droits basés et garantis par l'histoire — la Constitution hongroise leur en accorde en grande quantité —, pour en accepter d'autres qui, bien que peut-être tout aussi précieux dans leur essence, et même plus conformes à l'esprit du temps actuel, ne sont pas aussi sûrs ni aussi garantis, d'après le sens du droit — puisqu'ils ne sont octroyés que par la grâce souveraine. Le parti modéré lui-même, à la tête duquel se trouve Deák, et qui paraît avoir la prépondérance parmi le peuple, ne veut se prêter que par un compromis bilatéral, à une fusion entre l'ancienne Constitution hongroise et l'unité constitutionnelle de l'empire.

Le constitutionnalisme en Prusse est un peu plus ancien qu'en Autriche. Elle possédait depuis 1823 dans ses huit provinces, des états provinciaux composés de la même manière, c'est-à-dire des représentants des grands propriétaires fonciers (la haute noblesse et les propriétaires de biens seigneuriaux), qui avaient dans la plupart de ces états une importante supériorité numérique, des députés des villes dont le nombre n'était pas en rapport avec l'importance et les charges des villes qu'ils représentaient, enfin un très-petit nombre de représentants des petits biens ruraux.

Depuis l'arrivée au trône de Frédéric-Guillaume IV (1840), l'institution des états provinciaux reçut une nouvelle vie et plus de développement, d'abord par l'adoption d'au moins un commencement de publicité par la publication par extrait des débats, sous le contrôle du maréchal de la diète, sans cependant nommer les orateurs; puis des comités de ces états furent convoqués à Berlin pour délibérer ensemble sur des affaires qui leur étaient soumises par le gouvernement. Le nouveau roi se montra peu disposé à accomplir la promesse faite par Frédéric-Guillaume III déjà en 1815, renouvelée par lui en 1820, de l'introduction « d'états du royaume », qui avait toujours depuis 1840 été rappelée avec instance par l'opinion publique. Cependant un nouveau progrès se fit dans le système de la représentation des provinces, par la convocation de tous les états provinciaux avec tous leurs membres, sous le nom de « états réunis ». Les éléments de la noblesse et d'autres sortant des rangs des nobles propriétaires de biens-fonds prirent place dans une « curie des seigneurs » particulière; la masse des députés était divisée par province et ensuite par trois états ensemble pour former une « curie d'états ». La compétence de ces états réunis était un peu plus étendue que celle des états isolés, mais pourtant elle paraissait trop restreinte pour une assemblée destinée à représenter une population de 17 millions d'âmes et un royaume du premier rang en Europe. Dans le sein même des états réunis se manifesta le désir de voir reculer les limites qui lui étaient imposées, ainsi que cette agglomération d'états changée en représentation du royaume. On réclama avant tout des garanties pour le retour de pareilles assemblées; on réclama sa participation dans une certaine mesure à la régularisation des dettes et en général des finances de l'État; on réclama enfin le transfert du droit de délibération également sur les lois générales du pays, qui avait été concédé jusqu'alors aux états provinciaux et leurs comités, à cette assemblée générale des représentants du pays. Une partie de l'opposition alla jusqu'à refuser sa participation à la nomination de nouveaux comités qui étaient proposés par province, après que le roi eut refusé la périodicité des états réunis, le droit exclusif de régler les affaires qui jusque-là avaient été traitées avec les comités provinciaux, et un contrôle décisif des états sur le budget et les dettes de l'État.

Il ne fut que trop tôt démontré qu'il avait été d'une mauvaise politique de repousser si durement des réclamations qui étaient justifiées par l'esprit du temps et la situation du royaume, et qui avaient été présentées par des hommes sérieux, expérimentés et sincères patriotes. Si le mouvement de l'année 1848 avait trouvé la Prusse avec une représentation populaire, en possession de droits suffisants et dans l'exercice entier de ces droits, il eut été épargné beaucoup de pénibles commotions non-seulement à cet État, mais peut-être aussi à toute l'Allemagne, et le chemin eut été ouvert à une régénération opportune.

Tout au contraire, le contre-coup de la révolution de février en France trouva la Prusse privée des bases d'une Constitution conforme aux besoins du temps, le peuple aigri, les classes cultivées irritées de la perte des espérances données par les états réunis, de l'opiniâtreté du roi, de l'imprévoyance de ses conseillers, de la funeste influence du parti réactionnaire de la Cour.

Lorsque le mouvement révolutionnaire, qui avait déjà envahi toute l'Allemagne, sans même épargner le vieil empire des Habsbourg, pénétra également en Prusse, on essaya, dans le dernier moment, à le conjurer par des concessions. Une patente, renfermant les articles principaux d'une nouvelle Constitution, était destinée à apaiser le mécontentement du peuple. Mais à peine fut-elle connue que déjà — on ignore encore si c'est par l'effet du hasard ou par l'effet d'un choc combiné par l'un ou l'autre côté — un combat avait commencé entre la population de Berlin et les troupes, qui se termina par la retraite de ces dernières sur l'ordre du roi. Alors les états réunis furent convoqués pour voter une loi électorale pour l'élection d'une « assemblée nationale constituante ». On ne crut pas alors pouvoir être trop libéral et l'on fit élire cette assemblée par le suffrage universel. Le projet de Constitution qui lui fut soumis était à peu près copié sur celle de la Belgique. Mais pas plus qu'à Vienne on ne parvint à tomber d'accord. Le gouvernement renforcé de nouveau par les extravagances d'un parti extrême qui excitait la populace de Berlin à commettre des excès, dissolut par la force l'assemblée nationale et octroya une Constitution, dans laquelle furent conservés en grande partie les articles principaux de l'ancien projet et même quelques-unes des améliorations que la commission de l'assemblée nationale y avait apportées. Cette Constitution n'eut également pas de durée. Les Chambres qui devaient leur existence à la loi électorale promulguée par le gouvernement lui-même, parurent encore par trop contraires aux idées du gouvernement; un nouvel octroi fut publié (le 30 mai 1849) et à l'aide d'une deuxième loi électorale limitée, on réunit de nouvelles Chambres avec lesquelles, après de longues luttes, on élabora enfin une Constitution qui fut publiée le 31 janvier 1850. Cependant le travail constituant n'était pas par là arrivé à sa fin. Les Chambres qui suivirent la promulgation de cette Constitution mirent le ministère Manteuffel dans le cas de dépouiller cette Constitution, par la voie de ce que l'on nomma « Révision », de plus en plus des éléments libéraux qu'elle renfermait dans le commencement, d'étendre la puissance du gouvernement, de rétablir du moins en partie les priviléges de l'aristocratie.

La Constitution prussienne telle que l'ont faite ces diverses transformations et telle qu'elle existe aujourd'hui, est encore beaucoup plus libérale, en ce qui concerne les droits de la représentation du peuple et ceux de tous les sujets de l'État, que par exemple celle de la France impériale et même celle de plusieurs petits États allemands. Seulement elle manque de plusieurs garanties très-importantes pour un exercice énergique et sûr du droit parlementaire contre les pouvoirs réunis de la bureaucratie, du parti militaire et d'une aristocratie très-influente; et elle renferme dans les décisions sur la composition des deux Chambres, de fâcheuses restrictions pour la liberté électorale et de tout aussi fâcheuses prérogatives pour certaines classes sur l'ensemble des citoyens.

Les droits qui sont attribués au roi par la Constitution prussienne sont en somme les mêmes que ceux qui sont accordés au souverain dans tous les États monarchiques; il a le commandement supérieur de l'armée, la nomination et la dissolution du ministère, le droit de grâce, le droit de déclarer la guerre et de faire la paix et de conclure d'autres traités avec les gouvernements étrangers. Cependant pour que de tels traités soient valables, il faut qu'ils soient approuvés par les Chambres si ce sont des traités de commerce, ou s'ils doivent imposer des charges à l'État ou des obligations aux citoyens. Les ministres sont responsables; ils peuvent être mis en accusation devant la haute Cour de justice de la monarchie par l'une ou l'autre des deux Chambres, pour violation de la Constitution, concussion ou trahison. Malheureusement il manque encore la loi prévue par la Constitution, dans le cas de responsabilité, qui doit préciser le mode de procédure et les peines — et jusque-là cette décision de la Constitution est sans valeur pratique.

Le pouvoir de faire les lois est partagé entre le roi et les deux Chambres; le consentement de ces trois agents est nécessaire pour chaque loi; les projets de loi peuvent être présentés par le roi ainsi que par chacune des Chambres. Un privilége important de la couronne est qu'elle peut, dans des cas extraordinaires, même sans le consentement préalable des Chambres, publier des ordonnances ayant force de loi, en tant qu'elles ne sont pas contraires à la Constitution. Ces ordonnances doivent, il est vrai, être soumises à l'adoption des Chambres à leur plus prochaine session, et elles sont annulées si elles sont refusées par une seule des deux Chambres; seulement les effets qu'elles ont produits dans l'intervalle n'en subsistent pas moins. Dans l'année 1863 la presse indépendante en Prusse a été réduite pendant six mois entiers au silence le plus absolu, en vertu d'ordonnances de ce genre.

Le côté le plus faible de la Constitution prussienne est la partie qui règle les attributions du parlement en matière d'impôts et de contributions. Il est vrai que le budget des recettes et des dépenses de l'État doit être arrêté chaque année par une loi, ainsi donc par l'accord des trois agents législatifs; il ne doit également pas être levé d'autre impôt ou contribution que ceux prévus par le budget ou consentis par une loi. Seulement par une ruse bien combinée du ministère Manteuffel et par une singulière insouciance ou faiblesse de la majorité d'alors dans les Chambres, un paragraphe de la Constitution, qui au fond ne pouvait avoir qu'un effet transitoire, et qui dit que: les impôts et contributions existants au moment de la promulgation de la Constitution, continueront à être perçus jusqu'à ce qu'ils aient été modifiés par une loi, reçut une si irrégulière interprétation que même encore à présent les impôts et contributions existants continuent, sans un nouveau consentement de la part des Chambres, à être exigés et perçus par le gouvernement, de sa propre autorité; ce qui rend nul en fait le droit des Chambres à consentir les impôts, jusqu'à ce qu'un nouveau doive être introduit ou un déjà existant, élevé. Et comme de plus le ministère Bismarck a adopté la théorie que, si un budget est repoussé par l'opposition d'une des Chambres, celui de l'année précédente fait loi, et comme depuis deux ans cette théorie est en vigueur, il en résulte en fait que le droit de coopération du parlement prussien dans la régularisation du budget est devenu illusoire, puisqu'il n'existe pas de moyen légal pour contraindre le gouvernement à respecter les décisions prises par le parlement au sujet des dépenses de l'État.

Voilà, dans tous les cas, le vice principal de la Constitution prussienne. Le parlement privé de la possibilité d'une résistance légale contre un ministère qui ne veut pas respecter ses droits, est hors d'état de maintenir des rapports convenables entre le gouvernement et le peuple, qui sont les heureux effets d'une bonne Constitution et le meilleur moyen de garantie aussi bien contre les révolutions que contre une oppression tyrannique.

La composition des corps représentatifs en Prusse, laisse également beaucoup à désirer. La loi électorale pour l'élection des membres de la deuxième Chambre ou des députés, repose sur un système si compliqué et si élastique, que nulle part ailleurs on ne pourrait trouver son pendant. Elle confère le droit électoral à tout Prussien maître de sa personne, âgé de 24 ans. qui n'est pas privé de ses droits civils par la justice et ne vit pas aux dépens des secours publics, qui a depuis six mois son domicile dans la commune où il veut exercer ses droits électoraux. Cette base légale essentiellement démocratique, se trouve considérablement restreinte dans la pratique et presque rendue illusoire. La masse entière des électeurs (à laquelle appartiennent aussi les militaires de l'armée active, avec dispensation de l'obligation des six mois de séjour, et qui peuvent voter partout où ils se trouvent en garnison) est divisée en trois classes d'après les impôts directs qui leur incombent. La première classe comprend ceux qui payent les impôts les plus élevés, de manière que leur part individuelle représente ensemble un tiers des impôts payés par tous les électeurs du district; la deuxième classe comprend les imposés qui représentent le deuxième tiers; la troisième ceux qui payent le moins d'impôts et ceux qui n'en payent pas du tout. Si, par exemple, dans un district tous les imposés représentent ensemble une somme d'impôts de 3000 thr., on prendra d'abord parmi les plus imposés ceux qui parferont la somme de 1000 thr. En supposant donc qu'il y en ait deux qui payent chacun 100 thr., cinq, chacun 80 thr., dix, chacun 40 thr., ces dix-sept imposés, qui payent ensemble 1000 thr., ainsi un tiers des 3000, forment la première classe des électeurs. Puis on descend aux imposés qui payent 30, 25, 20, 15, 10 thr. etc., jusqu'à ce qu'on ait de nouveau parfait la somme de 1000 thr. et qui représentent peut-être 120 à 150 électeurs, et enfin arrive la grande masse des imposés à 3, 2, 1, ½ thr. ou même aussi libres d'impôts, et qu'il faut compter naturellement par centaines, si ce n'est par milliers. Les premiers représentent la deuxième classe et les seconds la troisième. Chacune de ces classes élit, chacune à part, un tiers des électeurs au deuxième degré.

Il est vrai que ceux-ci ne dépendent pas de leur classe mais seulement du district électoral. Ainsi, d'après ce système, 17 électeurs de la première classe ont autant de droits et autant d'influence sur les élections que les 120 à 150 de la deuxième et les peut-être 800 à 1000 de la troisième. Quelquefois même la disproportion est encore plus grande. Il y a des districts où la première classe n'est composée que de trois électeurs qui se trouvent opposés à 100 de la seconde et 1000 de la troisième.

Les électeurs du deuxième degré élus par les trois classes, se réunissent et nomment les députés. Est éligible tout Prussien qui a accompli sa trentième année, est en pleine jouissance de ses droits civils et est domicilié depuis un an dans le royaume.

Les votes, aussi bien pour les électeurs du deuxième degré que pour les députés, sont publics et déposés par procès-verbal.

Cette loi électorale a démontré plus que toute autre que l'esprit du peuple et la force des circonstances exercent une bien plus grande influence sur les élections et leurs résultats que les formes et les conditions du vote. Il n'y a pas à douter que le ministère Manteuffel, en promulguant la loi électorale du 30 mai 1848 avec son système de classes, avait en vue de s'assurer une grande influence sur les élections, et d'éloigner autant que possible, de la Chambre des députés, les éléments libéraux. Bien que cette loi représentât en apparence le suffrage universel, elle n'était dans la pratique qu'une pure illusion et faisait pencher évidemment la balance dans les deux premières classes d'électeurs, qui sont composées de gens à propriétés en général, particulièrement les riches, les propriétaires fonciers, les capitalistes, banquiers, négociants, hauts employés, etc. — enfin de ces gens qui en tout temps sont conservateurs, mais bien plus encore après une révolution. D'un autre côté on espérait influencer aussi la grande masse des électeurs peu aisés et en partie sans fortune, dépendant sous tant de rapports des classes riches ou du gouvernement, à l'aide du vote public, soumis au contrôle du commissaire des élections.

Ce calcul atteignit son but tant que l'esprit du peuple prussien se trouva en partie abattu par le contre-coup du mouvement de 1848 et considérablement affaibli, en partie opprimé et ébranlé, par les mesures d'une réaction aveugle mais victorieuse, et tant qu'une grande partie de la population, le parti démocratique, s'abstint par système de prendre part aux opérations électorales, afin de ne pas sanctionner par sa participation la loi octroyée. Cependant, lorsque ce relâchement fut peu à peu dissipé par une tendance plus élevée des esprits, lorsque le système libéral, qui pourtant ne se fit jour que pour peu de temps, depuis la régence du prince royale de Prusse (vers la fin de l'année 1858) renversa le gouvernement de Manteuffel, encouragea et excita ce nouveau mouvement, lorsque enfin la démocratie se pressa avec ardeur autour des tables électorales, le résultat des élections ne tarda pas à être tout opposé, et ce revirement, bien loin de s'effacer en même temps que l'esprit libéral qui ne tarda pas à reparaître de nouveau dans les hautes régions, se développa dans les mêmes proportions que l'influence de la réaction qui reparut de nouveau au pouvoir, tellement que, à la fin, les votes se portèrent en majorité sur des hommes essentiellement de progrès. Ce qu'il y eut de plus remarquable, ce fut que précisément les deux premières classes électorales, celles de ceux qui possèdent, et même les riches, votèrent dans beaucoup d'endroits pour les candidats libéraux.

Beaucoup d'expériences ont été faites en Prusse avec la première Chambre, dite la Chambre des seigneurs. Elle fut pendant longtemps composée des représentants des plus hauts imposés, que l'on nommait les hommes à huit mille thalers, c'est-à-dire, ceux qui possédaient un revenu annuel de 8000 thalers. La Constitution de 1850 y substitua un singulier mélange d'hérédité, de nomination par le roi, d'élection par les plus hauts imposés et par les grandes villes. Ce système ne tarda pas à être changé. La loi organique du 7 mai 1853 remit entièrement aux mains du roi la composition de la première Chambre qui devait être en membres héréditaires ou à vie. L'ordonnance qui régla cette organisation parut le 12 octobre 1854. D'après cette ordonnance, la première Chambre fut composée des princes majeurs de la famille royale que le roi y appelait; puis des chefs des familles princières de Hohenzollern-Hechingen et Hohenzollern-Sigmaringen (qui, comme on sait, ont transféré la souveraineté de leurs pays à la couronne de Prusse), des chefs des familles autrefois vassales de l'empire, ainsi que des autres comtes et seigneurs appelés par le roi en 1847, à faire partie des curies des seigneurs — tous comme membres héréditaires, et d'un certain nombre de membres à vie que le roi nommait dans les catégories suivantes: les titulaires des quatre grandes dignités du royaume, des jurisconsultes célèbres qui, comme « syndics de la couronne » sont appelés à délibérer sur des questions importantes de droit; enfin ceux qui sont présentés au roi par des comtes, membres de certains ordres royaux ou propriétaires de biens seigneuriaux, certaines autres familles particulièrement riches désignées par le roi, les propriétaires « d'anciens et importants biens fonciers », les universités du pays, enfin les villes désignées par le roi (par leurs magistrats).

On a soulevé contre l'ordonnance de 1854 le prétexte légal que par là le droit de nomination par le roi des membres de la première Chambre, que la loi de 1853 avait composée d'une manière positive et générale, était réduit à des conditions limitées et peu favorables comme agent constitutionnel. Il est prouvé que la composition prescrite par l'ordonnance de 1854 est bien loin d'avoir donné dans la pratique, des résultats satisfaisants. C'est surtout le droit de présentation de certaines communautés seigneuriales ou corporations, de membres de noblesse foncière du deuxième ou troisième rang appelés à la Chambre, qui a donné à cette assemblée une nuance d'aristocratie féodale, de gentilhommerie, de réaction, tandisque les représentants des vrais grands propriétaires fonciers, des chefs de la haute noblesse, de ceux qui possèdent fortune et position brillante, ou de familles princières et comtales, sont parfois arrivés à un point plus élevé de la politique. Mais du reste les autres nominations, sous l'influence du torrent exclusivement rétrograde, qui alors comme toujours règne non-seulement dans les hautes régions mais aussi dans certains cercles de la société, furent en majorité réactionnaires ou au moins ultra-conservatrices.

C'est pourquoi la Chambre des Seigneurs prussienne ne fut acceptée dès le commencement, qu'avec méfiance par l'opinion publique et que cette méfiance bien loin d'avoir diminué depuis les neuf années que cette Chambre est en fonction, ou de s'être apaisée, s'est trouvée bien plutôt justifiée et augmentée à un point que, parmi les créations impopulaires qui ont pris naissance de 1852 à 1858, il y a à peine en Prusse une institution plus impopulaire et même plus détestée que cette assemblée, qui représente un des grands pouvoirs constitutionnels de l'État et qui, par conséquent, est destinée à exercer une si grande influence sur l'histoire de la Prusse. En effet la majorité de la Chambre des Seigneurs a non-seulement soutenu aveuglément, au temps du triomphe de la réaction, le ministère Manteuffel dans sa politique anti-libérale, intolérante, égoïste, mais encore fait de grands pas rétrogrades, les a excités et presque forcés — toujours sous le prétexte qu'elle n'agissait ainsi que dans l'intérêt de la dignité et du pouvoir de la royauté; mais lorsque, en 1858, le nouveau régent de Prusse, le prince royal, manifesta pendant quelque temps des vues libérales et s'entoura de ministres libéraux, ce même parti qui se prétendait être le seul monarchique et fidèle à la royauté, fit au gouvernement du nouveau régent — même après que celui-ci fût monté sur le trône — l'opposition la plus violente, même la plus haineuse, décria dans ses organes de la presse et même dans les séances publiques de la Chambre, les mesures legislatives présentées par le ministère au nom et par ordre du roi, avec sa signature, et taxa les dispositions administratives d'injustes si non entièrement révolutionnaires, et n'eut aucun repos jusqu'à ce que le roi se fût entouré d'hommes de son parti et eût attiré à lui le gouvernement. Ce fut lui qui entreprit d'encourager, de soutenir autant qu'il dépendait de lui, et en même temps de sanctionner la flagrante violation de la Constitution — la persistance à gouverner sans budget voté par la représentation du peuple — par ses décisions et délibérations. Ses orateurs n'ont pas fait un secret, dans cette occasion et dans d'autres, que le renversement de toute la Constitution de 1850 et l'établissement d'un gouvernement absolu ou mieux encore d'une royauté utile aux intérêts d'une petite minorité dans l'État, à l'aide d'institution d'états féodaux dans l'esprit du moyen-âge, était son idéal favori, le but de tous ses efforts.

C'est ainsi que s'agrandit toujours de plus en plus en Prusse, le gouffre qui sépare l'immense majorité des représentants de la nation, de la Chambre des députés, qui persiste résolûment dans son droit, quoique parfois avec modération, et reste ferme sur le terrain de la

Constitution de 1850, et la Chambre des Seigneurs qui repousse avec force ces demandes et méprise la Constitution elle-même. Mais le gouvernement, au lieu de se guider par cette lutte des deux partis et de tâcher de les mettre d'accord par les moyens que lui offre la Constitution, s'est, malheureusement, déclaré ouvertement, et même avec un certain parti-pris fanatique, du côté de la partie féodale et anti-constitutionnelle de la majorité de la Chambre des Seigneurs, cherche même à entraîner la personne sacrée du souverain lui-même dans ce parti-pris et dans cette lutte violente contre les aspirations libérales du peuple — ce qui bien certainement n'est un bonheur ni pour le pays, ni la dynastie, ni le principe monarchique en général!

CHAPITRE QUATRIEME.

LES AUTRES MONARCHIES CONSTITUTIONNELLES DE L'EUROPE: LA BELGIQUE, LA HOLLANDE, L'ESPAGNE, LE PORTUGAL, LES ÉTATS SCANDINAVES, ETC.

L'Angleterre, la France et l'Allemagne tiennent le premier rang dans l'histoire des modernes États constitutionnels. Elles sont à la tête de la civilisation générale. Elles représentent les deux grandes races qui ont guidé, tantôt tour à tour, tantôt ensemble, la marche du progrès civilisateur des temps modernes, dans ses branches les plus puissantes et les plus importantes. Elles offrent, et même chacune d'une manière particulière, l'image des oppositions et des luttes et aussi en partie de la réunion et de la fusion des trois éléments les plus importants de la vie gouvernementale, le monarchique ou central, l'aristocratique et le démocratique, et cela dans les conditions les plus étendues et dans les formes les plus variées.

L'Angleterre est la mère patrie du constitutionnalisme dans son application pratique et, pour ainsi dire, dans son incarnation. La France peut prétendre au même titre par rapport à la fondation systématique et à la généralisation logique des institutions constitutionnelles et des libertés. L'Allemagne enfin offre dans son histoire constitutionnelle une autre particularité. D'un coté nous y voyons une réunion d'éléments du moyen-âge et modernes, des états féodaux et parlementaires, tantôt en lutte acharnée entre eux, tantôt à des degrés divers de fusion générale ou de l'un d'eux dans un autre. D'un autre côté, la plupart des Constitutions existantes en Allemagne ne sont point le résultat d'une révolte violente des peuples contre leurs gouvernements, d'une pression exercée directement sur ces derniers, encore moins d'un bouleversement total de tous les rapports sociaux et politiques, d'une révolution victorieuse, mais bien d'une concession partie d'en haut (bien que pourtant pas sans une certaine contrainte indirecte provenant des circonstances), un octroi résultant soit d'un entendement préalable avec n'importe quelle forme de représentation du peuple, soit même sans cet entendement; de sorte que, aussi à ce point de vue, l'histoire des constitutions en Allemagne présente quelques points de comparaison, précisément avec celles de l'Angleterre et de la France, qui ne manquent pas d'être intéressants et instructifs.

C'est par toutes ces raisons que nous nous sommes étendu un peu longuement sur la description de l'origine, du développement, des changements et de l'action de l'essence constitutionnelle dans ces trois grands pays. Il nous sera donc permis d'être plus bref en ce qui concerne les autres États constitutionnels. Ils n'ont pas la même importance que ceux-ci, soit par leur grandeur territoriale et leur puissance, soit par leur influence sur la marche générale de la civilisation; et de plus, du moins pour beaucoup d'entre eux, leur histoire constitutionnelle paraît beaucoup trop jeune, ou beaucoup trop fractionnée et beaucoup trop peu constante, pour pouvoir permettre de tirer des conclusions et des enseignements généraux de la valeur et de l'action de pareilles institutions.

Cependant nous devons excepter de ce jugement un de ces États — la Belgique. Quoique, non-seulement un des plus petits, mais encore par sa situation politique actuelle un des plus jeunes États constitutionnels de l'Europe, la Belgique est regardée depuis longtemps comme un modèle d'État constitutionnel du continent européen, et cela avec raison. Cet avantage est dû en partie à la perfection personnelle de son souverain, le roi Léopol I, en partie à cette circonstance que, depuis qu'elle forme un État indépendant, elle a toujours possédé une Constitution, en partie surtout enfin à certaines qualités bien enracinées du caractère national belge, qualités qui ont leur source dans l'histoire de ce peuple remarquable par son sort et son développement.

La partie du royaume de Bourgogne, qui forme la Belgique d'aujourd'hui, était composée d'une fusion d'un grand nombre de petits comtés, de principautés et de duchés, dont chacun avait sa Constitution particulière et indépendante. Ces Constitutions étaient en général au plus haut degré libérales. De tout temps ces pays florissants par les dons de la nature et l'activité industrielle de ses habitants, situés entre la mer du Nord, le Rhin et la Meuse, avaient été le champ de culture d'un vigoureux esprit populaire. Les riches villes de commerce, Bruges, Gand, Anvers avaient formé une bourgeoisie forte et indépendante, qui sut imposer la considératîon, non-seulement à la noblesse foncière des environs, mais au besoin aussi aux princes qui régnaient sur eux. La position de ces pays qui servaient de ligne frontière entre la France et l'Allemagne, servit encore à fortifier l'esprit d'indépendance et la force politique de ces peuples, en leur fournissant souvent l'occasion de prouver leur amour pour la liberté ainsi que leur courage, tout aussi bien au dedans qu'au dehors de leur pays. La célèbre bataille des Éperons, en 1302, fut gagnée par la bourgeoisie des Flandres, aussi bien contre le roi de France que contre la noblesse flamande coalisée avec lui.

Lorsque sous Philippe II, fils de l'empereur Charles V (qui hérita du duché de Bourgogne), les provinces du nord (la Hollande actuelle) se délivrèrent de la domination espagnole, celles du sud continuèrent à appartenir à cette même couronne, mais conservèrent leur ancienne Constitution et leurs libertés. Plus tard ce pays garda cette même position lorsque, par suite de la guerre de succession espagnole, la Belgique passa sous la domination de la branche allemande de la famille de Habsbourg. « Le roi des Espagnes, ou l'empereur d'Autriche », dit le spirituel auteur de l'écrit « La fondation de la monarchie constitutionnelle en Belgique », Th. Juste, « n'avait en Belgique que le titre de duc de

Brabant, comte de Flandres, etc., et, à son avénement au trône, prêtait le serment, en cette qualité, de respecter les droits constitutionnels de cette partie de ses États. S'il venait à manquer à son serment, le peuple, aux termes précis de la Constitution brabançonne, était délié de toute obéissance envers lui. Ces anciennes institutions étaient redevables de leur immuabilité à cet amour inné et constant de la liberté qui avait fait au moyen-âge, des communes de Flandres, de Brabant, de Liéges, des rivales des célèbres républiques italiennes.

« Nos lois fondamentales », continue le même historien belge, « consacraient la liberté personnelle et l'inviolabilité du domicile, ainsi que le droit de remontrance et de pétition qui pouvait être exercé tout aussi bien par les corporations particulières de la bourgeoisie que par les corps constitués; elles garantissaient l'inamovibilité des magistrats et des juges; elles reconnaissaient la liberté de la propriété, elles faisaient dépendre la fixation des impôts du consentement des états et leur donnaient le droit de refuser les subsides demandés par le souverain. »

Comme on le voit, les bases de la liberté en Belgique, sont très-semblables à celles de l'Angleterre; et remontent à une époque presque tout aussi ancienne.

Charles VI et Marie-Thérèse respectèrent ces anciens droits et institutions constitutionnelles de ce pays nouvellement conquis, et lorsque Joseph II entreprit, dans une bonne intention mais avec une zèle fâcheux, d'introduire dans ce pays le même système de centralisation bureaucratique qu'en Autriche, il en résulta (en 1790) une révolution.

La réunion de la Belgique avec la France sous la république et l'empire, laissa pénétrer aussi dans ce pays les idées de liberté et d'égalité civile que la révolution française avait fait naître et portées si loin. L'esprit politique du peuple fut par là dégagé de quelques souvenirs du moyen-âge, qui avait persisté jusque là, sans cependant détruire les anciennes tendances, surtout cet amour pour l'indépendance des communes et des provinces.

Le congrès de Vienne, contrairement au vœu du peuple, réunit la Belgique à la Hollande pour en former un seul État. Les deux pays eurent une Constitution commune et des institutions parlementaires également communes. Mais la Belgique se sentait opprimée — autant sous le rapport de sa nationalité et de sa langue (qui alors était encore en Belgique exclusivement le français), que sous celui de leur religion, puisqu'ils sont aussi fervents catholiques que les Hollandais sont fervents calvinistes. Pendant quinze années les plus grands talents et les plus fermes caractères de la Belgique luttèrent presque sans interruption, dans l'opposition parlementaire, contre le gouvernement hollandais et la majorité hollandaise des Chambres.

Ainsi fortifié par de pareilles expériences et de pareilles traditions, le peuple belge, après sa séparation violente de la Hollande en 1830, procéda à l'élaboration d'une Constitution pour son jeune État enfin livré à lui-même. Il est presque étonnant de voir avec quelle modération et prudence, avec quelle tranquillité et quelle unité, une œuvre aussi difficile fut achevée dans un temps comparativement très-court, au milieu de complications extérieures de toutes sortes; comment il se trouva partout des hommes capables pour les différentes branches des affaires publiques — parlementaires, diplomatiques, administratives —, et auprès de la vieille phalange des orateurs éprouvés, une jeune génération, composée de gens jusqu'alors peu connus, avocats, bourgmestres, etc., des villes de provinces, qui — grâce à l'excellente préparation qu'ils avaient reçue dans l'administration indépendante des communes et des provinces —, surent jouer leur rôle avec sûreté et habileté sur la grande scène politique.

Ce qui eut une influence importante sur la prompte élaboration de la Constitution belge, ce fut l'unité des deux grands partis qui divisaient déjà alors le peuple, le parti libéral et le parti clérical ou catholique. Ces partis, bien que ennemis sous beaucoup de rapports, dans leurs principes et leurs idées finales, s'étaient déjà trouvés réunis dans leur opposition commune sous la domination hollandaise et avaient sanctionné leur fédération par une « Union » formelle, peu de temps avant la révolution de 1830. Lorsque ces deux partis, après s'être délivrés de l'oppression étrangère, se trouvèrent en présence, ils furent assez sages et assez patriotes pour ne pas s'écarter du terrain sur lequel ils avaient combattu ensemble contre un ennemi étranger, et mettre de côté leurs querelles particulières pour fonder une liberté légale aussi étendue que possible. Ce fut alors que l'on put voir ce spectacle étrange des catholiques fervents, les partisans zélés d'une autorité exclusivement religieuse, voter avec les libéraux pour la plus grande liberté de la presse, le droit d'association et d'assemblée, etc. Enfin les difficultés et les dangers de la situation extérieure eux-mêmes ne contribuèrent pas peu à la prompte et heureuse constitution du jeune État belge, en rendant indispensable l'unité de tous les partis à l'intérieur.

Ce fut dans de telles circonstances que la Constitution belge fut promulguée le 7 février 1831, à laquelle le prince Léopold de Saxe-Cobourg prêta serment le 21 juillet 1831 et en vertu de laquelle il fut proclamé roi des Belges. «Elle complétait», comme le fait très-justement observer Th. Juste, «les principes, issus de la révolution française de 1789, d'une nouvelle Constitution sociale, par des innovations qu'elle emprunta de la sagesse des législateurs de la grande république américaine et des plus pures et plus nobles traditions des anciennes communes de la Belgique.» Cette Constitution est un modèle de rédaction par sa brièveté, sa clarté et le sens positif de chacune de ses phrases.

La Constitution abolit toutes les différences de situation sociale et garantit l'égalité la plus parfaite de tous les citoyens devant la loi, aussi bien que sous le rapport de la capacité pour l'obtention des emplois civils et militaires — avec la réserve des exceptions prévues ou à prévoir par la loi pour certains cas. Elle garantit, en plus de la sûreté personnelle et la sûreté de la propriété, la liberté de conscience, de l'enseignement public, de réunion, d'assemblée et de la presse, dans une telle étendue et avec de telles garanties, que l'on en retrouve à peine de semblables dans toute autre Constitution théorique ou écrite. Elle prescrit la séparation complète de l'Église et de l'État, l'admission de toutes les sociétés religieuses et l'indépendance de l'acte de mariage civil de celui de l'Église, et au contraire fait dépendre celui-ci du premier. Elle établit l'inviolabilité de la correspondance. Elle soumet tous les employés de l'État à l'action de la justice, en raison de leurs fonctions, sans qu'il soit nécessaire, comme ailleurs, d'avoir le consentement de leurs supérieurs. Elle fait une distinction parfaite des trois pouvoirs de l'État: le pouvoir législatif qui appartient au roi avec l'assentiment des Chambres, tout en se conformant rigoureusement aux prescriptions de la loi; le pouvoir exécutif qui appartient au roi seul; le pouvoir judiciaire qui repose entièrement dans les mains des juges constitués. Elle réserve enfin aux communes et aux provinces l'administration de leurs propres affaires d'après les principes en vigueur.

La Constitution belge proclame le principe de la la souveraineté du peuple en disant: « Tous les pouvoirs proviennent du peuple », — principe qui a reçu sa consécration effective, en ce que, dans le nouvel État belge, la royauté n'a été établie que par une assemblée nationale constituante et en vertu de la Constitution proclamée par elle. Cependant, dans la pratique, ce principe est toujours resté dans les bornes les plus larges en même temps que les plus modérées;

les droits du roi des Belges, qui reçut son pouvoir des mains du peuple, ne sont ni moins étendus ni moins sûrs que ceux de tout autre souverain arrivé au trône par un ancien droit héréditaire et dont le pouvoir se trouve limité par une Constitution; pourtant ils sont privés des moyens qui ont, quelquefois ailleurs, permis à la puissance royale d'acquérir une prépondérance injuste, aux dépens de la représentation du peuple. Le roi des Belges a le droit absolu de veto vis-à-vis des deux Chambres; il nomme et dépose les ministres; il nomme aussi aux hauts emplois de l'administration ainsi que les ambassadeurs; il nomme les juges de paix et les juges des Cours du premier degré; il a le droit de proposer les lois; il peut convoquer extraordinairement les Chambres (qui se réunissent régulièrement chaque année, sans convocation particulière du roi, et en vertu de la Constitution), les proroger et les dissoudre; c'est lui qui prononce la clôture de leur session; il commande l'armée de terre et de mer, déclare la guerre, fait la paix, conclut les traités d'alliance et de commerce (pourtant ces derniers, ainsi que ceux qui peuvent être une charge pour l'État ou les citoyens, doivent être sanctionnés par les Chambres); il a le droit de commutation des peines judiciaires et de grâce entière; il distribue les décorations militaires en se conformant aux lois, peut accorder la noblesse mais sans aucun privilége particulier.

Il existe dans la Constitution belge un article très-important ainsi conçu: « Le roi n'a pas d'autres pouvoirs que ceux qui lui sont concédés par la Constitution et les lois qui seront promulguées en vertu de cette Constitution.

Une semblable décision était tout à fait en harmonie avec les circonstances dans lesquelles la Constitution belge a été élaborée. Il est tout naturel que dans un pays où régnait d'abord un pouvoir monarchique illimité, lorsque celui-ci se trouve réduit à se restreindre, il s'efforce de reconquérir ses prérogatives qui ne lui sont pas positivement enlevées pour être transmises à confiées à d'autres agents politiques. Par contre, dans un nouvel État, où le peuple lui-même se donne un roi, il est tout aussi naturel que ce souverain établi par le peuple, ne possède d'autres droits que ceux qui lui sont conférés par le peuple en vertu de la Constitution.

Le pouvoir représentatif en Belgique est composé de deux Chambres. La Chambre des députés est élue par le vote direct. Le droit électoral est soumis par la loi de 1831 à un cens qui ne peut pas être moindre de 20 florins de Brabant ni au-dessus de 100 et qui est déterminé par province, puis par ville ou commune rurale. Il varie pour les villes entre 20 et 80 et pour les campagnes de 20 à 30 florins. La Constitution déclare éligible quiconque jouissant des droits civiques, domicilié en Belgique, est âgé de vingt-cinq ans et en possession complète de ses droits civils et politiques. Il n'y a pas de cens obligatoire pour l'éligibilité. Les membres de la Chambre sont élus pour quatre ans et renouvelables tous les deux ans par moitié.

Comme on le voit, cette loi électorale, en ce qui touche le droit aussi bien actif que passif, est à peu près aristocratique et conservative. Il en résulte un électeur sur environ 86 habitants, — proportion qui n'était pas très-éloignée de celle existante en France sous Louis-Philippe (un électeur sur environ 130 à 140 habitants). L'autre Chambre qui se nomme « le Sénat » est composée d'autant de membres que celle des députés. Les sénateurs sont nommés par les mêmes électeurs qui élisent les députés, mais ils restent en fonctions pendant huit ans, avec un renouvellement par moitié tous les quatre ans; ils doivent être âgés d'au moins 40 ans et payer dans le pays au moins 1000 florins d'impôts directs — y compris celui de la patente. Ils ne reçoivent aucune indemnité tandis qu'il en est accordé une aux députés. Le prince héritier peut de droit, dès l'âge de dix-huit ans siéger dans le Sénat, mais il ne vote qu'à vingt-huit. Le Sénat peut être dissous tout aussi bien que la Chambre des Députés, et dans ce cas, l'un et l'autre sont réélus en entier.

Des règles très-positives établissent l'indépendance de la justice, le droit de coopération des Chambres pour l'établissement du budget, la fixation des impôts, en général dans tout ce qui a rapport aux finances, ainsi que l'armée, enfin dans l'administration provinciale et communale. Ces règles ont été encore étendues par des lois organiques.

En général la Constitution belge depuis tantôt 30 ans qu'elle fonctionne, n'a subi aucun changement important, excepté en ce qui concerne la loi électorale. Sans attendre le contre-coup de la révolution de février de France, le gouvernement belge proposa aux Chambres, dès le 28 février 1848, d'abaisser le cens et de le rendre uniforme et minimum de 20 florins de Brabant, ce qui devait augmenter sensiblement le nombre des électeurs. Les Chambres adoptèrent la proposition.

Cette stabilité de la Constitution belge, qui, comme on le voit par les exemples qui viennent d'être donnés, se modifie suivant la marche du temps et des circonstances, suffit pour prouver sa valeur intrinsèque. Du reste elle se prouve encore de plusieurs autres manières. Trois partis opposés, d'une nature très-grave, menacent de diviser l'État belge et d'entraver son paisible développement: un parti national opposé à la race wallonne et à celle flamande; un parti politique-religieux, l'opposition entre les cléricaux ou ultramontains et les libéraux; enfin l'opposition entre ceux qui possèdent et le prolétariat des fabriques et l'agriculture, qui est très-nombreux et vit en partie dans une grande misère. En plus il y a le dangereux voisinage de la France qui, tantôt par ses tressaillements révolutionnaires menace l'ordre et la tranquillité, tantôt par ses tendances réactionnaires en faveur de la monarchie ou de l'empire, met en danger la liberté et presque toujours par son esprit de conquête et sa politique expansive, fait craindre une attaque contre l'indépendance, l'intégrité et même l'existence de la Belgique. Jusqu'à présent le jeune État belge a heureusement échappé à ces difficultés intérieures et à ces dangers extérieurs sans éprouver d'ébranlement important dans son organisme, sans entrave sérieuse dans son rapide développement matériel, intellectuel et politique — et cela grâce à la fermeté de sa Constitution, la sagesse de son roi, la circonspection et la prudence de ses hommes d'État, et à la modération de ses partis intérieurs. Il a été paré aux dangers sociaux par des institutions de secours larges pour les classes indigentes ainsi que par celles de la part de l'État pour relever les classes travailleuses, et surtout par le progrès de l'économie sociale en général, fruits de l'esprit populaire développé et excité par la liberté politique. C'est ainsi que la propagande socialiste, qui en 1848 voulut se répandre de France en Belgique, n'y trouva aucun accès. La lutte entre le parti des Wallons et celui des Flamands a plusieurs fois éclaté avec beaucoup de vivacité, mais n'a jamais eu lieu qu'à l'aide des armes de l'esprit. Ce qui était le plus sérieux, comme encore aujourd'hui en partie, c'était la lutte entre les libéraux et les catholiques, parce qu'il y est mis presqúe toujours en question les principes les plus importants de la vie gouvernementale, l'alternative entre le progrès ou la réaction, le libre développement politique et religieux ou la dépendance de l'un et de l'autre d'une Église toute puissante et dominant même l'État. Mais même cette lutte, bien que parfois elle ait fait naître des passions violentes, a pourtant laissé intacts les bases constitutionnelles et du sytème parlementaire. Les catholiques et les libéraux ont obtenu tour à tour la majorité dans les Chambres et par conséquent possédé le pouvoir gouvernemental, mais l'un et l'autre ont toujours fait usage de ce pouvoir dans les limites de la Constitution, et ont dû y renoncer toutes les fois que l'opinion publique s'est déclarée par le résultat électoral en faveur de l'adversaire du parti au pouvoir.

Il est vrai que pour obtenir un pareil résultat il faut un emploi sage et impartial de la Constitution, que l'État belge nouvellement fondé doit, par un rare bonheur, depuis presque une génération, à son roi Léopold I, à ce modèle des monarques constitutionnels. Formé par des observations personnelles de beaucoup d'années et une étude consciencieuse des institutions anglaises, par une tendance exclusivement libérale, par une rare tranquillité et clarté d'esprit, et un jugement large et libre non-seulement sur la situation de son propre État mais encore sur la politique en général de l'Europe, le roi Léopold a compris sa mission, comme pilote d'une nation mûre et aspirant à une entière liberté politique, dès le principe, avec une parfaite justesse et l'a poursuivie sans déviation pendant son long règne. Observateur rigoureux lui-même de la Constituation il donne aux partis l'exemple du respect qu'ils doivent avoir pour elle et leur enseigne à renfermer leurs passions dans les bornes parlementaires; et en évitant sagement tout ce qui, comme dans les pays voisins vivant dans d'autres conditions constitutionnelles, pourrait être une occasion ou un prétexte à des immixtions ou prétentions insolites, il maintient le petit royaume de Belgique en possession paisible et pratique d'une liberté si étendue qu'elle n'avait pas d'exemple sur le continent européen il y a 20 à 30 ans, et même encore aujourd'hui, excepté la Suisse républicaine. Aussi le roi Léopold, grâce aux heureux effets de son gouvernement, lorsqu'en 1848 la république fut proclamée en France, put se déclarer prêt à abdiquer la couronne à moins que le peuple ne déclarât préférer conserver la même Constitution, et que le vote général le maintînt à cette haute dignité, et que le vingt-cinquième anniversaire de son gouvernement, qui a été célébré il y a huit ans, a été une fête nationale dont nous n'avons presque pas d'exemple.

Le royaume des Pays-bas ou la Hollande a le même passé politique que la Belgique jusqu'au commencement du 17e siècle. Alors les sept provinces septentrionales se délivrèrent de la domination de l'Espagne et se donnèrent une Constitution républicaine, sous laquelle elles atteignirent non-seulement un grand degré de prospérité commerciale et de puissance, mais encore furent le refuge de toutes les libertés, et surtout celle de conscience. Malheureusement elles furent souvent ébranlées par des luttes violentes de partis politiques; des tentatives de despotisme suivies d'anarchie, jusqu'à ce qu'enfin cet état vacillant entre la république et la monarchie, fut envahi par le torrent de la révolution française. Ce ne fut qu'en 1814 qu'il fut de nouveau constitué en État indépendant sous la forme d'une monarchie, lorsque le pouvoir héréditaire des princes d'Orange fut transformé en royauté. Le roi Guillaume avait, aussitôt après que le pays fut délivré de l'occupation française, publié une Constitution et la proposa à une assemblée de notables convoquée dans ce but, et qui l'accepta avec une grande majorité le 28 mars 1814. Ensuite survint, par suite de la paix de Paris et du traité de Vienne, la réunion de la Belgique avec la Hollande. La Constitution devait, par suite de cet agrandissement, être plus étendue et modifiée dans certains points. Pour prendre cette nouvelle forme elle fut présentée à deux assemblées distinctes, l'une pour les provinces du nord, l'autre pour les provinces du sud. La première accepta à l'unanimité le projet, la seconde le repoussa avec une grande majorité. Cependant elle fut promulguée par la toute-puissance royale et devint loi constitutionnelle, en couvrant ce coup-d'état du prétexte que l'on avait compté les voix hollandaises en opposition des votes belges et qu'il en était résulté une majortié en faveur de la Constitution pour tout le royaume.

La Constitution était, eu égard au temps, assez libérale. Deux points importants, la protection de la justice et celle de la liberté de conscience, étaient réglés dans un sens libéral. Il fut accordé au parlement quelques droits également assez importants, par exemple celui de propositions pour la composition de la haute Cour de justice du royaume. Cependant la puissance royale était sous plusieurs rapports très-étendue, trop grande et trop illimitée. Le roi n'était tenu à aucune coopération de ministres responsables. La participation d'un Conseil d'État qui était prescrite, ne suffisait pas pour remplir ce vide, parce qu'à la fin la volonté personnelle du roi devait l'emporter. Le parlement ne pouvait que rejeter en bloc une loi présentée par le roi et non l'amender dans ses détails; il avait, il est vrai, le droit de fixer le budget, mais une partie des dépenses de l'État, sous le nom de « Budget ordinaire », ainsi que les moyens de couverture, étaient toujours votés pour dix ans et soumis seulement au bout de ce temps à une nouvelle régularisation; le budget extraordinaire était seul astreint à un consentement annuel. La composition du parlement — «les états généraux» — était très-défectueuse. La première Chambre était composée de membres nommés par le roi à son choix parmi des personnes distinguées par leurs services dans l'État, leur naissance ou leur fortune et âgées d'au moins 40 ans; la deuxième Chambre était le résultat d'un système de vote très-compliqué en apparence et à plusieurs degrés, car les membres étaient élus par les états provinciaux (se composant des représentants de la noblesse, des villes et des campagnes), qui étaient nommés en partie directement par les membres de ces divers états, en partie par les divers degrés de ces mêmes états. Du reste l'état de la noblesse dépendait également du roi puisqu'il désignait ceux qui en devaient faire partie.

Principalement un système électoral aussi surané ne devait pas tarder à mettre la Constitution en disharmonie avec les idées et les besoins du temps. Cependant elle exista sans changement aucun jusqu'en 1840, ainsi pendant tout un quart de siècle. La cause s'en trouve principalement dans les conditions extérieures du nouveau royaume. Jusqu'à l'an 1830 où les Hollandais et les Belges vécurent sous le régime de la même Constitution, ces derniers surtout firent la plus vive opposition à un grand nombre de points et bien plus contre leur mise à exécution arbitraire de la part du gouvernement. Mais ce fut précisément ce qui fit des Hollandais des partisans et des défenseurs de la Constitution. Ils voyaient avec une certaine satisfaction l'étendue des pouvoirs d'une royauté qu'ils regardaient comme représentant leur nationalité hollandaise, en opposition avec celle des Belges, et acceptèrent volontiers les exagérations des prérogatives royales parce qu'elles frappaient surtout, si ce n'est exclusivement, la partie belge et catholique du royaume.

La même cause produisit les mêmes effets, même après la séparation de la Belgique d'avec la Hollande, et pendant longtemps. Pendant la lutte de presque neuf années soit par les armes soit par des moyens diplomatiques entre le roi des Pays-bas et ses sujets belges révoltés contre lui, les Hollandais restèrent dévoués à leur souverain et firent d'une affaire purement dynastique, une cause nationale. Le temps n'était pas convenable pour exiger de la couronne des libertés intérieures. On devait la désirer aussi puissante que possible pour qu'elle fût en état de maintenir intacts l'honneur et la force des vieux Pays-Bas. Ce ne fut que lorsque la séparation de la Belgique fut un fait accompli, lorsque l'on vit le jeune État faire de rapides progrès dans la voie de la vie publique, grâce à sa Constitution et sa représentation libérale et parfaitement à la hauteur de l'époque, que les Hollandais sentirent toujours plus vivement le besoin d'améliorer leurs institutions politiques si arriérées. Déjà, du reste, de pareilles tendances s'étaient manifestées depuis 1835, mais le gouvernement les avait alors réprimées sous le prétexte que, dans un pareil moment, une réforme de la Constitution serait pour les Belges une justification de leur opposition à cette même Constitution. Ce ne fut qu'à la fin de l'année 1839 que le gouvernement se décida à y apporter quelques petites modifications, mais qui n'étaient que d'une nature toute extérieure et ne concernaient presque que les points nécessités par la séparation entre la Belgique et la Hollande. Des représentations pressantes de la part des états entraînèrent enfin le roi à des réformes plus larges, qui furent soumises aux Chambres le 18 mars 1840 et acceptées par elles. Elles renfermaient quelque restriction dans la puissance royale, notamment l'introduction d'un ministère responsable et une définition plus exacte du droit des états à l'admission du budget, puis quelques améliorations dans les institutions communales et dans la loi électorale pour les états généraux.

Mais même ces changements ne purent satisfaire pendant longtemps ce besoin toujours plus vif de réformes. Il fut fait par les états de nouvelles demandes de révision de la Constitution, auxquelles le gouvernement se refusa jusqu'en 1848, où il ne lui fut plus possible de s'opposer à une réforme complète de la Constitution, d'après la mesure du progrès du temps.

La nouvelle « loi fondamentale du royaume des Pays-Bas » du 14 octobre 1848, est sous plusieurs points semblable à la Constitution belge, pourtant elle est dans son ensemble foncièrement plus monarchique. Les prérogatives du roi semblent toujours très-étendues, particulièrement en ce qui touche toutes les branches de l'administration; leur exercice est, il est vrai, soumis à la coopération d'un ministre responsable, mais cette responsabilité n'est pas, dans son action et ses réglements, assez positivement déterminée, de sorte qu'il peut se présenter le danger que, dans le cas de conflit avec la volonté personnelle du monarque, cette responsabilité ne soit qu'illusoire. La composition des états généraux a été complétement changée. La première Chambre est formée de 39 membres qui sont élus par les états provinciaux parmi les plus haut imposés de chaque province; la deuxième Chambre est élue par le suffrage général. Le droit électoral est, comme en Belgique, soumis à un cens de 20 à 100 florins; l'éligibilité à 30 ans d'âge. Les membres de la première Chambre sont élus pour neuf ans, avec un renouvellement par tiers tous les trois ans, ceux de la deuxième Chambre, pour quatre ans, avec un renouvellement par moitié tous les deux ans. Les uns comme les autres reçoivent une indemnité de voyage et de séjour. Les états généraux se réunissent en session ordinaire tous les ans, le troisième lundi de septembre. Le roi peut les convoquer en session extraordinaire; il peut aussi dissoudre les Chambres ou l'une des deux. Les séances des Chambres sont publiques. Certains débats, par exemple sur une régence et tutelle, ont lieu devant les deux Chambres réunies à cet effet, et considérées comme n'en formant qu'une. Une particularité de la Constitution hollandaise, qui ne se rencontre même pas dans celle de Belgique, consiste en ce droit qu'elle donne à la deuxième Chambre seule d'introduire des amendements aux projets de loi proposés par le roi, et de pouvoir, seule des autres états, proposer des lois.

L'arrêté du budget est très-exactement ordonnancé; il est particulièrement mentionné que les dépenses doivent être accordées et approuvées pour chaque département.

L'administration de la commune et de la province est réglée dans le sens de gouvernement personnel assez étendu, et organisé de manière que l'administration communale est sous le contrôle des états provinciaux et ceux-ci sont soumis à leur tour au pouvoir exécutif et aux états généraux qui peuvent approuver ou modifier leurs décisions.

Les résolutions sur la justice, les cultes, l'instruction publique, ainsi que la forme de défense de l'État, sont convenables et en général libérales.

La vie publique dans les Pays-Bas a, d'après le remplacement des vieux états par une Constitution parlementaire plus moderne, pris un plus vif essor; l'administration est sous plusieurs rapports notablement améliorée, surtout la partie concernant les impôts et les finances, de même que le commerce et les colonies ont subi des réformes très-conformes aux besoins du temps. Le caractère réfléchi et particulièrement conservateur des Hollandais, leur attachement à ce qui est ancien et à ce qui existe, se fait aussi remarquer dans la pratique des droits constitutionnels; les idées libérales et réformatrices ne sont admises que lentement.

L'Espagne qui, alors qu'elle était réunie sous un même sceptre avec les Pays-bas, passait pour être le berceau du despotisme, avait autrefois, dans quelques-unes de ses provinces, nommément en Castille et en Aragon, joui de droits parlementaires très-étendus. En Aragon, suivant ce que l'on raconte, le roi, à son avénement au trône, devait prêter serment, à genoux, aux lois du pays, tandis que le grand juge, comme représentant des états, lui tenait la pointe d'un glaive contre la poitrine, et répliquait au serment du roi par cette déclaration: « Nous, qui sommes autant que toi et sommes plus puissants, nous te promettons obéissance, si tu respectes nos lois, si non, non. » Mais bientôt après la réunion des différentes parties de la péninsule pyrénéenne en un seul royaume indivisible sous la maison de Habsbourg, il se fit dans l'intérieur de ces pays un étrange changement. Il s'établit un absolutisme presque illimité, en partie à l'aide de l'Église et sa puissante influence sur les pays du sud si faciles à fanatiser, en partie sans doute aussi par l'effet des conquêtes d'immenses étendues de terrain dans le nouveau monde, et des trésors qui en coulaient, qui procurèrent au monarque de la somptuosité et de la puissance, mais firent disparaître la légalité. Cette forme de gouvernement absolu se conserva aussi sous la dynastie des Bourbons qui remplaça, au commencement du 18e siècle, la branche éteinte de Habsbourg. Les Cortès continuèrent à subsister par la forme seulement, mais ne furent presque jamais convoqués, tout ou plus pour une simple cérémonie, comme pour rendre hommage à un nouveau souverain.

Cet état dura jusqu'au renversement de cette seconde dynastie par Napoléon premier, qui mit la couronne d'Espagne sur la tête de son frère Joseph. Sur son ordre, une assemblée de notables fut réunie à Bayonne pour faire une Constitution pour l'Espagne. Elle fut comme toutes celles des États crées par Napoléon ou sous sa dépendance, semblable à celle de l'empire français, sa durée fut courte et elle ne laissa aucune trace dans les institutions du pays, ni dans l'esprit public du peuple.

Mais l'effet produit par la Constitution de 1812 fut d'autant plus grand. Elle fut faite au milieu d'une guerre nationale et ardente, organisée contre la domination de la France. Les juntes provinciales avaient établi à Cadix une junte générale, à la tête de laquelle se trouvait la régence du royaume. Cette régence convoqua à Cadix des députés de tous les états, pour faire une Constitution qui devait assurer des libertés intérieures aussitôt qu'on serait délivré du joug étranger.

Il n'est pas étonnant que cette Constitution, élaborée par les représentants d'un peuple qui était sur le point de lutter de nouveau pour reconquérir par ses propres forces et sa persévérance, son indépendance nationale, et rendre le trône à son monarque déchu, sans sa coopération, respire un esprit essentiellement démocratique, en mettant toujours en avant le peuple, ses droits et son importance, réduise et place sous un contrôle sévère la puissance royale. On y reconnaît en plusieurs endroits l'influence de la première Constitution française de 1791. Dès son début la Constitution de 1812 se déclare elle-même décrétée par les Cortès et seulement proclamée par le roi et en son nom par la régence.

Elle déclare le peuple espagnol libre et indépendant et ne pouvant pas être considéré comme un héritage d'une famille quelconque, ni d'aucun individu. Elle déclare que la souveraineté repose dans le peuple et que lui seul a le droit de se donner des lois.

Partant de ces principes démocratiques, la Constitution traite tout d'abord et dans les plus grands détails, de la représentation du peuple ou des Cortès. La forme dans laquelle ils sont élus est très-compliquée. D'abord tous les citoyens domiciliés et établis dans une paroisse élisent un ou plusieurs (suivant la grandeur de l'endroit) électeurs paroissiaux, ceux-ci (qui doivent être âgés d'au moins 21 ans) se réunissent dans une assemblée de district et élisent les électeurs de districts (qui doivent avoir au moins 25 ans) et enfin ces derniers réunis en assemblées provinciales élisent les députés de la province qui doivent avoir au moins 30 ans, être nés et domiciliés dans la province et avoir un certain revenu. Tous les deux ans l'assemblée doit être renouvelée; les mêmes députés ne peuvent être réélus qu'à la seconde élection. Les Cortès se réunissent tous les ans, le jour désigné par la Constitution, sans convocation particulière de la part du roi. Leurs séances sont toujours publiques. Des sessions extraordinaires peuvent être convoquées par la députation permanente des Cortès, qui est formée dans chaque session ordinaire, soit de sa propre volonté, soit sur le désir manifesté par le roi. Les Cortès ont à résoudre les doutes qui pourraient s'élever sur la succession au trône, à assister la régence ou tutelle qui pourrait être constituée en cas de minorité du roi, à fixer l'effectif des forces de terre et de mer, à prendre des dispositions pour l'armée, la flotte et la milice nationale, à approuver les traités d'alliance offensive, de subsides et de commerce, à décider de la création ou du licenciement d'emploi auprès des tribunaux établis par la Constitution, ainsi que les employés de l'État. Leur intervention pour ce qui concerne les finances est très-étendue et parfaitement déterminée. Quant à l'élaboration des lois, leur prérogative est bien supérieure à celle du roi, qui ne peut pas refuser sa sanction à une loi votée par les Cortès en trois séances différentes. La liste civile du roi est fixée chaque année par les Cortès. Le roi doit demander aux Cortès leur consentement à son mariage. La responsabilité des ministres est particulièrement ordonnancée. L'indépendance de la justice est garantie, l'égalité de tous les citoyens est proclamée par la loi, avec exception des membres du clergé et de l'armée. Les communes et les provinces jouissent d'une constitution et d'une administration libérale. La Constitution de 1812 s'éloigne sur un seul point, mais complétement, de ses principes généraux de liberté; elle interdit l'exercice de toutes les confessions autres que celle catholique-romaine, qui est proclamée la seule vraie, et elle impose au roi l'obligation de n'en pas tolérer d'autre dans le pays.

Le roi Ferdinand VII remonté en l'an 1814 sur le trône de ses pères, qu'il devait surtout au courage et au dévouement de son peuple, déclara la Constitution, œuvre des Cortès, comme nulle, dissolut et dispersa ces derniers même par la force des armes, et régna, avec l'appui et l'entourage d'une Camarilla ultra-réactionnaire, parfaitement selon l'esprit du vieux despotisme.

Ce fut le temps d'une vraie restauration générale Les vieilles dynasties chassées du trône et de leurs États par le torrent de la révolution française ou par l'amour des conquêtes de Napoléon, puis revenues après la chute de l'empire, s'efforcèrent presque toutes, soit par suite de leur propre inclination, ou par l'entraînement de leur entourage, la noblesse et le clergé, de rétablir le vieux temps et de se dédommager de leur longue privation de pouvoir en en faisant un emploi exagéré. De semblables restaurations eurent lieu de même qu'en France et en Espagne, à Naples où régnait une troisième branche des Bourbons, et dans le Piémont.

Cette réaction en commun de la part de ces souverains, entraîna dans les susdits pays une tendance tout aussi commune de la part des peuples vers des formes constitutionnelles libérales. Tantôt ici, tantôt là, il y eut des complots et des soulèvements. Ce fut d'abord en Espagne qu'éclata le mouvement d'une manière décisive et victorieuse, à l'occasion de l'embarquement à Cadix de troupes destinées à aller remettre sous le joug les colonies révoltées du sud de l'Amérique. Les soldats et le peuple firent cause commune, le cri de guerre fut la Constitution de 1812. Le roi Ferdinand fut contraint de céder: le 7 mars 1820 il fit proclamer la Constitution et y prêta lui-même serment, le 8 mars il convoqua les Cortès en vertu de cette Constitution.

Ce précédent de l'Espagne produisit son effet non-seulement dans le pays limitrophe, le Portugal, mais aussi au-delà de la mer, en Italie. A Lisbonne, à Naples, à Turin, éclatèrent des mouvements révolutionnaires pour l'admission de la Constitution espagnole, qui passait pour la plus parfaite Constitution libérale démocratique, et ces mouvements également soutenus par la fraternisation des troupes avec le peuple, ne tardèrent pas à l'emporter comme à Madrid. Dans ces trois pays furent admises des Constitutions sur le modèle de celle de 1812.

Cette propagation prompte et victorieuse des idées libérales dans tout le sud de l'Europe, entraîna la réaction européenne à prendre des mesures communes pour y mettre des bornes. Il y avait peu de temps qu'au congrès d'Aix-la-Chapelle, elle s'était constituée en formant la Sainte-Alliance. Alors eurent lieu à de courts intervalles les congrès de Troppau, de Vérone, de Laibach, dont le but fut de réunir les forces communes pour arrêter cette propagande libérale, que l'on craignait de voir à la fin envahir les autres États européens et enfin d'encourager les monarques qui s'étaient laissé entraîner à faire des concessions constitutionnelles, à les retirer et au besoin de les y contraindre. Cette mission en ce qui concerne l'Italie, fut confiée à l'Autriche, et pour l'Espagne à la France. Les Constitutions de 1820 furent abolies en Espagne, Naples et Piémont par la coopération des princes eux-mêmes qui les avaient jurées. En Portugal il en fut de même par suite d'une réaction intérieure, sans intervention extérieure.

En Espagne régna le plus sévère absolutisme jusqu'à la mort de Ferdinand VII — de 1823 à 1833, ainsi pendant dix années entières. Sans doute il aurait régné encore plus longtemps si un notable changement dans la succession au trône n'avait pas servi les désirs du peuple. Le roi Ferdinand VII n'avait pas d'héritier mâle et désirait laisser son trône à sa fille Marie-Isabelle. Dans ce but il publia une nouvelle loi de succession au trône, la pragmatique, et pour la garantir contre les protestations de son frère Don Carlos et autres agnats, il convoqua les Cortès, non dans la forme de la Constitution de 1812, mais dans l'ancienne qui était hors d'usage, et il leur fit par avance reconnaître la future héritière du trône. La veuve de Ferdinand, Marie-Christine, qui gouverna comme régente pour sa fille encore jeune, reconnut la nécessité, pour s'opposer au prétendant Don Carlos qui s'appuyait sur le parti féodal et absolutiste du pays et sur le secours des puissances du nord, de rechercher l'alliance des libéraux en Espagne et du gouvernement constitutionnel de la France. Elle convoqua dans ce but par un statut royal du 10 avril 1834, une assemblée des Cortès, composée de deux Chambres, une des Procérès, l'autre des Procuradorès, mais avec des prérogatives assez restreintes. Cette concession ne satisfit point et, après quelques mouvements inquiétants auxquels s'était de nouveau jointe une partie de la force armée, la régente se décida à convoquer des Cortès constituants d'après la Constitution de 1812 et de leur proposer un nouveau projet de Constitution qui fut adopté et promulgué le

18 juin 1837. Cette Constitution est un mélange de celle de 1812 et de celle de France de 1830, mais pourtant les principes de celle-ci y dominent. Les Cortès se transformèrent en un Sénat et une Chambre des députés. Les sénateurs sont nommés par le roi sur des listes en nombre triple d'élus par les mêmes électeurs qui élisent les députés. Un sénateur doit avoir 40 ans d'âge et un revenu annuel de 50000 réaux (environ 13500 frcs.). Les députés sont élus par le suffrage direct. Est électeur tout Espagnol qui paye 200 réaux (environ 55 frcs.), ou peut prouver un revenu assuré d'une petite importance. Pour être électeur il faut être âgé de 25 ans et avoir son domicile dans n'importe quelle partie du pays. Les prérogatives des Cortès sont les mêmes que celles des autres Chambres constitutionnelles, mais en plus il y a celles relatives à la succession au trône, à la régence, à la tutelle, aux alliances matrimoniales, les voyages du monarque à l'étranger, l'abdication, ainsi que les alliances offensives, les subsides et les traités de commerce, et qui sont d'une assez grande étendue et tout à fait dans le sens de la Constitution de 1812. D'autre part il est accordé au roi un pouvoir très-grand par cette décision qui dit que son autorité doit s'étendre sur tout « ce qui peut coopérer au maintien de l'ordre public à l'intérieur et à la sûreté de l'État à l'extérieur, conformément à la Constitution et aux lois. »

L'action légale et le paisible développement de cette Constitution eut beaucoup à souffrir des luttes des différents partis, et qui souvent dégénéraient en une vraie guerre civile, entre les partisans du gouvernement existant, les dits Christinos, et ceux du prétendant au trône, les Carlistes; puis aussi entre la mère-régente Christine et le vainqueur des Carlistes, Don Espartero, enfin entre ce dernier et les autres chefs de partis. A plusieurs reprises les Cortès furent dans cette heureuse position de pouvoir trancher pour l'un ou l'autre côté, et par là pouvoir augmenter leur considération; cependant plus d'une fois le pouvoir purement moral du droit et de la loi dut céder devant la force brutale des armes et des circonstances exceptionnelles résultant de la guerre. En l'an 1845 le ministère Narvaez, sous l'influence de l'ancienne reine Christine, revenue de France (où elle s'était réfugiée en 1840), proposa aux Cortès le projet d'une nouvelle Constitution revue dans un sens restreint, et les Cortès acceptèrent ce projet. Les changements principaux furent qu'une partie des procès de presse cessèrent d'être déférés au jury pour être jugés par la justice ordinaire; la composition du Sénat qui émana dès ce moment de la nomination royale de citoyens pris dans certaines catégories (comme en France), et une certaine extension de ses pouvoirs judiciaires; la prolongation de la durée du mandat des députés de trois à cinq années; l'abolition du droit des Cortès de se réunir sans convocation royale; l'abolition des attributions des députés en matière des lois de finances; une restriction du droit de coopération des Cortès au mariage du monarque, ainsi que l'exclusion de certaines personnes du droit de succession au trône; une régularisation plus exacte des décisions sur la régence et autres; le licenciement de la milice nationale et l'abolition de la promesse faite de déférer tous les délits à un jury.

L'Espagne avait depuis des temps reculés — comme aussi l'Italie — contrairement à la France, le grand pays central roman, une vie provinciale et communale très-développée. Pendant les luttes entre le trône et la Constitution, à partir de 1834, elle fit valoir sa puissance, quelquefois au désavantage, mais plus souvent encore à l'avantage des principes libéraux. Il est vrai que Don Carlos eut longtemps pour partisans les provinces basques qui tenaient beaucoup à leurs anciens priviléges *(fueros)* du moyen-âge. D'un autre côté il arriva plusieurs fois que des juntes firent des proclamations *(pronunciamento)* énergiques contre des tentatives réactionnaires. Dans tous les cas c'était une particularité que l'on pouvait, il est vrai, diriger dans son développement, mais que l'on était obligé de ménager au fond. Le gouvernement abusa du pouvoir plus étendu qui lui avait été accordé par le changement de la Constitution et la condescendance des Cortès pour restreindre les libertés communales et provinciales; il imita en cela et en d'autres points le système de centralisation qui existe en France.

Mais la vie constitutionnelle de l'Espagne était bien loin de se trouver régularisée d'une manière stable. Il est vrai que l'année 1848 ne fut pas pour l'Espagne l'occasion de bouleversements comparativement bien grands — quelques émeutes furent promptement comprimées et n'entraînèrent aucun changement dans la

Constitution; mais la lutte intérieure des partis ne cessa point, étant continuellement réveillée par les mouvements ou complots carlistes et par les intrigues de l'étranger, ainsi que quelquefois par les désordres et les cabales de la famille régnante. L'armée joua dans la plupart de ces luttes politiques, le rôle principal; presque toujours c'étaient des généraux (Espartero, Mon, Narvaez, O'Donnell, etc.) qui prenaient parti, les uns pour le pouvoir régnant, les autres pour l'opposition dont ils se firent les chefs, qui dirigèrent les mouvements dans un sens ou dans un autre, ou du moins les influencèrent. En l'an 1852, il s'en fallut de bien peu que la réaction sortie victorieuse de ces luttes, et encouragée par le succès de la politique de coup d'État de Napoléon III en France, ne revisât la Constitution dans son sens. Le plan d'une composition toute nouvelle des corps représentatifs était déjà tout élaboré: le Sénat ne devait être composé que de membres héréditaires, et la Chambre des Députés élue seulement par les plus haut imposés. Mais avant que le but fût atteint, il éclata une révolution, qui fit prévaloir, et pour longtemps, un parti tout différent. Un ministère libéral, avec le général O'Donnell en tête, commença par rétablir les libertés provinciales et communales; puis les Cortès constituants furent convoqués pour faire une révision de la Constitution dans un sens vraiment progressif. Il fut question de faire composer les deux Chambres (même le Sénat au moins pour une grande partie) par l'élection populaire et de ne donner à la couronne qu'un droit de veto suspensif. Ce plan eut le même sort que le précédent; un soulèvement excité par un des partis extrêmes, donna au gouvernement la force et l'occasion de tenter, après avoir établi l'état de siége, un coup d'État qui dissolut les Cortès et rétablit la Constitution de 1845 avec quelques articles additionnels, qui fut admise en l'an 1857 par les Cortès dans une session ordinaire.

Depuis ce temps cette Constitution de 1845 un peu modifiée est restée en activité comme loi fondamentale de l'Espagne; les luttes entre les absolutistes modérés et les progressistes, bien que loin d'être éteintes, n'ont eu lieu que dans les limites de cette Constitution, et il a été question, dans ces luttes, bien plutôt de l'usage ou du complément de la Constitution par des lois organiques, ou de mesures administratives, financières et autres, que de changer les bases et les principes constitutionnels. Les liaisons qui vont s'établir entre les parties de ce vaste territoire, qui étaient jusqu'à présent restées à peu près étrangères les unes aux autres faute de moyens de communication, à l'aide des chemins de fer, ainsi que les rapports fréquents qui vont se fonder avec l'étranger par suite de lois commerciales libérales, contribueront à attirer l'Espagne de plus en plus dans la voie de la civilisation de l'Europe en général, et à lui faire acquérir les élements de l'activité personnelle des citoyens, ce principe indispensable de tout stable développement constitutionnel, ainsi que lui faire dominer la force brutale des masses faciles à entraîner et les conspirations militaires.

L'histoire de la Constitution portugaise nous prouve

combien grande est l'influence des conditions extérieures d'un État sur le développement de celles intérieures et de l'esprit du peuple. Ce pays, le Portugal, avait été conquis par les Espagnols sur les Maures. D'abord duché vassal de Castille, il devint en 1137 sous Alfonso Rodrigues, un État indépendant. La confirmation papale n'avait pour le nouveau roi pas plus de prix que l'appui de ses guerriers, des citoyens et du clergé de son pays et c'est pourquoi il convoqua à Lamego les représentants de tous ces états. C'est là que fut admis d'un accord commun en 1143 les *Leges Lamecenses de regni Lusitanici successione et juribus* (Lois de Lamego sur la succession au trône et le droit dans le royaume de Portugal). Il y fut entre autres décidé que la fille d'un roi ne laissant pas de fils, devait hériter du trône, mais qu'elle ne pouvait épouser qu'un noble Portugais, « parce que », y est-il dit, « nous ne voulons pas, parlant au nom du roi, que notre maison royale cesse d'appartenir à la nation portugaise, elle qui nous a placés sur le trône par sa bravoure, sans secours étranger, par son courage et son sang. » En plus ces statuts réglaient la situation de la noblesse et le code pénal. Il n'était pas question d'un droit vraiment constitutionnel de ce parlement ou Cortès (excepté sa coopération pour la succession au trône quand il n'y avait pas d'héritier direct). Néanmoins l'existence des Cortès était déjà en elle-même une sorte de commencement de Constitution, surtout en raison des circonstances dans lesquelles ils commencèrent à subsister. Et bien que leur convocation régulière non-seulement ne fût pas obligatoire, mais encore n'eut pas lieu de fait, comme il semble, pourtant elle n'a pas manqué dans les circonstances extraordinaires qui la rendaient indispensable. Au moins on remarque des demandes des Cortès, par exemple en 1373, qui se rapportent à des décisions antérieures.

Les Cortès acquirent une plus grande importance, lorsque, en 1385, s'éteignit la descendance légitime du roi Alfonso, la couronne passa sur la tête d'un descendant naturel du dernier roi. On accorda alors aux Cortès le droit réclamé par eux de coopération pour faire la guerre et la paix et l'on satisfit à toutes leurs plaintes. Depuis ils semblent avoir exercé jusque vers la fin du 15e siècle, une influence assez régulière et décisive sur les affaires publiques, particulièrement sur la législation. Les hauts faits-d'armes du roi Manuel placèrent l'action des Cortès un peu en arrière et sous les gouvernements suivants l'influence des Jésuites et des maximes absolutistes qui étaient répandues par eux, favorisée par l'exemple de l'Espagne, l'emporta aussi en Portugal. En l'an 1580 le Portugal devint une province espagnole et resta ainsi pendant 60 ans. Ce ne fut qu'en 1670 qu'il recouvra son indépendance par suite d'un soulèvement à la tête duquel se plaça Joào de Bragance, le fondateur de la dynastie actuellement régnante, qui était un grand propriétaire foncier et parent éloigné des derniers rois de Portugal. Les anciens Cortès se réunirent et proclamèrent Joào roi de Portugal. En se reportant au statut de Lamego, ils déclarèrent que les états du royaume avaient le droit de régler la succession au trône toutes les fois qu'elle présentait un doute, et que personne ne pouvait être roi de Portugal sans avoir été reconnu en cette qualité par le peuple. Ils fondèrent leur séparation d'avec le roi de Castille (Espagne), sur le principe que « d'après le droit naturel et humain, lorsque les sujets sont tyrannisés par leurs souverains, ils ont le droit de lui arracher la couronne. parce qu'il s'agit de leur propre défense.

Les Cortès restèrent étroitement attachés à la couronne et jouirent d'une grande influence autant que dura la lutte pour l'indépendance du pays contre l'Espagne. Pour pouvoir mettre cette influence en une action de tous les instants, les Cortès établirent eux-mêmes une représentation, la junte, ou comité des trois états. Mais ce fut précisément ce comité qui devint dans d'autres circonstances un moyen pour le gouvernement (comme dans beaucoup d'États allemands dans le siècle précédent) de réduire l'action des Cortès. puis enfin de les annihiler entièrement. Leur coopération pour la fixation des impôts fut mise de côté sous divers prétextes. Il est vrai que, dans la période des lumières du 18e siècle, le Portugal, sous son spirituel ministre Pombal, se trouvait en première ligne sous le rapport du progrès administratif, mais toujours sous la forme d'un despotisme soi-disant éclairé. On ne respecta pas même l'ancien droit si souvent mis en pratique, de laisser décider par les Cortès les questions douteuses sur la succession au trône. Le pays fut protégé contre l'effet de la révolution française par son isolement et par les vaisseaux de guerre anglais stationnés à l'embouchure du Tage, mais non contre la politique de conquêtes de

Napoléon. La famille royale de Portugal s'enfuit dans sa seconde patrie de l'autre côté de l'Océan, le Brésil. Les populations abandonnées à elles-mêmes luttèrent en commun avec les Espagnols et avec l'assistance des Anglais pour la délivrance de la péninsule pyrénéenne de la domination française, et gagnèrent dans cette lutte ainsi que dans leurs longs et intimes rapports avec les Anglais et les Espagnols un sentiment de fierté personnelle et de politique plus libérale. Cependant la dynastie qui avait été établie sur le trône sans avoir rien fait pour cela (qui, du reste, continuait à résider au Brésil), se refusa à accorder au peuple les libertés qu'il désirait. Cet état tendu dura jusqu'en 1820 où le contre-coup de la révolution espagnole fit éclater un mouvement semblable en Portugal, qui contraignit le roi João VI à revenir en Europe et à convoquer une assemblée constituante. La Constitution qu'elle élabora ressembla en somme à celle de l'Espagne de 1812. Bien que le roi l'ait reconnue par serment, elle fut bientôt sacrifiée par lui-même à une réaction absolue à la tête de laquelle était Dom Miguel, le deuxième fils du roi.

La mort du roi João VI apporta quelque changement dans la situation des choses. Son fils aîné, Dom Pedro, prince-régent du Brésil, avait été contraint, pour conserver ce pays à sa dynastie, d'en reconnaître l'indépendance de la domination portugaise et de lui donner une Constitution. Il abdiqua la couronne de Portugal en faveur de sa fille Maria, après avoir, en vertu de son droit comme roi de Portugal, donné à ce pays une Constitution (Carta de Lei), qui avait pour but de rendre solidaires l'intérêt du peuple et la royauté de la jeune reine et de poser une barrière infranchissable aux prétentions de Dom Miguel et de son parti, l'absolutisme.

La Carta de Lei a, par la complication de sa base et par rapport à sa rédaction un peu étendue, de la ressemblance avec la Constitution espagnole de 1812 ou celle de la première révolution française; elle est par son contenu plus modérée que la première, mais pourtant plus avancée que la plupart des Constitutions du continent. Elle constitue deux Chambres, celle des députés et celle des pairs. Les membres de la Chambre des pairs sont nommés par le roi en nombre indéterminé, partie avec le droit d'hérédité, partie à vie. Ceux de la Chambre des députés sont élus par le vote indirect. Est électeur tout Portugais âgé d'au moins vingt-cinq ans, ne se trouvant pas sous l'autorité paternelle ni en état de domesticité, n'appartenant à aucune communauté religieuse et jouissant d'un revenu annuel de 100000 réaux, c'est-à-dire environ 620 frcs. Pour les électeurs au deuxième degré le cens s'élève à 1237 frcs. et pour les députés à 2500 frcs. environ. L'éligibilité des députés n'est pas soumise à d'autre obligation.

Dans le cas de minorité de l'héritier du trône, les deux Chambres nomment conjointement le régent, déterminent les bornes de son pouvoir, et lui confient la tutelle du jeune roi dans le cas où le roi défunt n'en aurait pas décidé autrement dans son testament; de plus, à la mort du roi, elles nomment un conseil d'administration qui recherche les abus et détruit ceux qui auraient pu s'introduire. Sous tous les autres rapports elles jouissent des prérogatives constitutionnelles ordinaires: le droit de coopération dans la confection des lois, la fixation du budget et celle des impôts, dans le contrôle des dettes de l'État et l'administration des domaines, la fixation annuelle des forces de terre et de mer, la nomination ou la destitution des employés et la fixation de leur traitement, le règlement des monnaies et des poids et mesures.

Elles sont convoquées chaque année par le roi; leurs séances sont publiques. Le président et le vice-président de la Chambre des pairs sont nommés par le roi ainsi que ceux de la Chambre des députés sur la présentation de candidats par l'assemblée.

Par une décision toute particulière, lorsqu'un député ou un pair est en même temps fonctionnaire public, l'exercice de cet emploi est suspendu (excepté pour les ministres et les conseillers d'État) pendant la durée de ses fonctions parlementaires.

Les députés reçoivent une indemnité qui est chaque fois fixé par les deux Chambres pour la session suivante.

La Chambre des députés a le droit d'initiative pour les lois financières et administratives; elle examine les propositions faites par le pouvoir exécutif, contrôle l'administration de l'État et réforme les abus qui pourraient s'y introduire. Elle peut mettre en accusation les ministres et les conseillers d'État.

La Chambre des pairs se constitue en Cour de justice pour les procès contre les ministres ou contre des députés pendant la session du parlement, enfin contre les membres de la famille royale, les ministres, les conseillers d'État et les pairs pour des affaires personnelles. Elle a le droit de convoquer les Cortès à la mort du roi et de nommer une régence.

Chacune des deux Chambres a le droit de proposer des lois. Le pouvoir exécutif ne peut que (par l'entremise des ministres) faire des propositions de lois; ce n'est que lorsque cette proposition a été examinée par une commission des députés, qu'elle peut être soumise à la Chambre comme projet de loi. Chacune des deux Chambres peut rejeter en entier ou amender les propositions de lois à elle faites par l'autre. En cas de dissentiment des deux Chambres, la question en litige est soumise à la décision d'une commission composée de membres de l'une et de l'autre Chambre, qui adopte, rejette ou amende la proposition.

Le roi a le droit de veto absolu. Il peut convoquer les Cortès en session extraordinaire, les proroger, dissoudre la Chambre des députés. La personne du roi est inviolable; tout acte émanant de lui doit être contresigné par un ministre. La responsabilité des ministres est très-exactement définie: elle s'étend aux cas de trahison, corruption, concussion, abus de pouvoir, tout acte illégal, les atteintes à la liberté, la sûreté et la propriété des citoyens, la dissipation des fonds publics. Le roi a le droit de grâce, il commande les armées de terre et de mer, peut déclarer la guerre, conclure la paix, faire toute espèce de traités; le gouvernement n'est astreint à en donner communication aux Cortès que dans le cas où ils touchent au bien-être ou aux intérêts de l'État, et lorsque ces traités conclus en temps de paix comprennent une division ou un échange de partie du territoire national, le consentement des Cortès est obligatoire. Pour des actes de cette nature, le gouvernement doit prendre l'avis du conseil d'État, dont les membres sont nommés à vie par le roi. Le souverain ne doit pas quitter le sol du pays sans le consentement des Cortès, s'il le fait sans cela, il est considéré comme ayant abdiqué.

La plus grande liberté de Constitution communale est garantie. L'indépendance de la justice (avec la coopération du jury), la responsabilité de tous les fonctionnaires, la liberté personnelle, l'inviolabilité du domicile ainsi que celle de la correspondance, la sûreté des biens, la liberté de la presse, l'égalité devant la loi, une égale prétention pour tous aux emplois publics, sont soigneusement garantis. La Constitution garantit l'instruction élémentaire gratuite. A côté de toutes ces libertés, elle garantit aussi les droits et prérogatives de la noblesse héréditaire — parmi lesquels il ne faut comprendre que certaines distinctions sociales, car autrement ils se trouveraient en contradiction avec d'autres décisions. Du reste la Constitution est moins libérale en matière de liberté de conscience: elle proclame la religion catholique-romaine comme religion de l'État, toutes les autres ne sont que tolérées et restreintes — voire même seulement pour les étrangers — au service divin dans l'intérieur des maisons, sans aucun signe extérieur ni temples.

Dans certains cas exceptionnels le pouvoir exécutif

a le droit de suspendre l'effet de quelques points constitutionnels relatifs à la liberté individuelle, soit avec le consentement des Cortès, ou sans leur coopération lorsqu'ils ne sont pas réunis, sous réserve de leur faire régulariser dans la plus prochaine session les arrestations opérées ou toute autre mesure.

L'empereur dom Pedro nomma alors, en vertu de cette Constitution, comme membres de la Chambre des pairs, 5 archevêques et 14 évêques pour la durée de leurs fonctions ou de leur vie et 72 pairs temporels avec droit héréditaire, en tout 91.

Dom Miguel avait, il est vrai, prêté serment à la Constitution, mais il suscita en secret une émeute contre elle, et lorsque son frère Pedro, qui fut trompé par lui, le nomma régent du royaume pendant la minorité de la reine, il abusa du pouvoir qui lui fut confié, non-seulement pour renverser la Constitution, mais aussi pour changer l'ordre de succession au trône en se faisant proclamer roi par les anciens Cortès qu'il convoqua de son autorité privée. Mais une partie des provinces s'étant déclarée en faveur de la Constitution et de la reine dona Maria, dom Pedro révoqua le décret de la régence, revint en personne du Brésil parce que dom Miguel persistait dans ses prétentions au trône, et parvint enfin à faire reconnaître sa fille comme reine et la faire déclarer majeure par les Cortès. Elle épousa le duc de Leuchtenberg et après la mort prématurée de son époux, un prince de Saxe-Cobourg. Des intrigues de cour et des luttes de partis empêchèrent pendant plusieurs années les conditions constitutionnelles de se consolider, jusqu'à ce qu'enfin le 4 avril 1838, une nouvelle Constitution revisée fut promulguée et, malgré de fréquents troubles politiques à l'intérieur et les intrigues miguellistes à l'extérieur, malgré plusieurs essais (surtout dans les années 1851 et 1852) tantôt d'un côté, tantôt de l'autre, pour établir des principes de gouvernement absolu ou démocratique, elle resta le fondement du gouvernement portugais.

Les différences de cette Constitution avec celle de 1826 sont que le droit fut concédé aux Cortès de nommer une nouvelle dynastie souveraine en cas d'extinction de l'ancienne. La période législative fut réduite de quatre à trois ans. Au lieu de la réunion des Cortès en vertu de leur propre droit, ils doivent être convoqués par le roi. La Chambre des pairs ou le sénat doit se composer de membres élus également par le peuple; l'héritier du trône seul est de droit sénateur. Les membres du sénat sont élus par les mêmes électeurs que les députés, ils doivent avoir au moins 45 ans, posséder un revenu annuel de 12275 frcs. en biens-fonds ou le double provenant du commerce, ou remplir de hautes fonctions civiles ou militaires; ils sont élus pour six ans; ils ne reçoivent point d'indemnité.

Le jugement pour crime de haute trahison appartient exclusivement au Sénat. Les élections ne sont plus indirectes mais au premier degré et le cens réduit à 495 frcs. (au lieu de 618). Il a été ajouté aux prérogatives royales, le droit de conférer la noblesse mais sans privilége; par contre il est prescrit que ni le roi ni un des princes ne devra exercer personnellement le commandement supérieur de l'armée. Le conseil d'État a été dissout.

Dans les deux pays de la péninsule ibérienne, l'Espagne et le Portugal, il s'écoulera encore quelque temps jusqu'à ce qu'une marche régulière et un développement paisible etc onstant de la vie constitutionnelle soient possibles. Tous deux, et surtout l'Espagne, ont été trop longtemps privés de l'usage des droits constitutionnels et soumis à un pouvoir absolu et sans limites. Ils ont, il est vrai, un avantage sur la France en ce que tout le pays ne se trouve pas soumis à une capitale toute puissante dans le sens politique et social; une certaine indépendance des provinces empêche l'engourdissement politique du pays sous la domination du despotisme d'un pouvoir central quel qu'il soit, mais elles entravent facilement par leur exagération l'application dans toutes les parties du royaume, d'un système régulier de gouvernement et de Constitution. Une influence prédominante de la noblesse — dans un bon ou un mauvais sens — semble aussi peu exister dans ces pays qu'en France: c'est sans doute la conséquence de ce que dans la Constitution espagnole de 1837, de même que dans celle du Portugal de 1838, il n'y a pas de Chambre des pairs avec droit d'hérédité. Mais avec l'esprit démocratique qui s'y trahit, il existe un triste contraste par la prédominance dangereuse qu'a accaparée l'armée comme puissance politique — une sorte de prétoire tantôt au service de la liberté et même de l'anarchie, tantôt à celui du despotisme. De plus il y a dans ces pays l'influence toujours très-importante de la Cour de Rome qui est une ennemie déclarée de la liberté politique et du constitutionnalisme, soit par principes dogmatiques — bien que la Constitution de ces pays rejette la tolérance religieuse —, soit par principes matériels et cela avec bien plus de droit, parce que les partis politiques du progrès en Espagne comme en Portugal se montraient opposés à l'accumulation des biens de mainmorte. Il n'y a que la formation d'une bourgeoisie indépendante, éclairée et riche qui pourra, dans les deux pays, poser les fondements d'une vie politique et lui faire faire des progrès certains, repousser les influences opposées et mettre un terme aux crises politiques et menaçantes qui se répètent souvent même encore de nos jours.

L'Italie a vu dans le moyen-âge se former une puissante bourgeoisie dans ses villes grandes, florissantes et puissantes, surtout dans l'Italie supérieure, et pourtant pas sans éprouver de violentes secousses par les luttes énergiques entre les papes et les empereurs d'Allemagne, entre les Guelfes et les Gibelins, dont ce pays fut le théâtre involontaire. A ce temps en succéda un autre où l'esprit de la domination aristocratique ou monarchique, triompha de l'égalité républicaine et de l'indépendance de la bourgeoisie, où les cités commerçantes de Venise et de Gênes prirent le caractère d'une oligarchie aristocratique, où à Milan, à Parme, à Florence, etc., quelques familles — les Sforza, les Farnèse, les Médicis — acquirent un pouvoir constant et en partie à peu près illimité.

Plus tard l'Italie tomba tour à tour sous la domination espagnole, française et autrichienne. L'Espagne y avait introduit ses priviléges nobiliaires et son intolérance religieuse; la France ses principes exclusivement monarchiques mais en même temps l'égalité civile et son système administratif assez avantageux; l'Autriche une certaine préoccupation pour le bien-être matériel du peuple, et sous Joseph et Léopold des tendances intellectuelles assez avancées. Puis la révolution française qui chassa les Autrichiens de l'Italie, communiqua à ce pays ses idées et ses institutions; la création d'un royaume d'Italie par Napoléon avait fait revivre la pensée d'une unité politique de la péninsule — idée qui avait persisté dans l'esprit du peuple depuis les temps antiques de la domination romaine et qui était exprimée dans les œuvres de quelques-uns de ses poètes, rappelant la littérature classique —, puis le pouvoir absolu sous lequel Napoléon opprimait les Italiens, qui n'étaient dans ses mains qu'un instrument pour compléter l'empire français comme il l'avait rêvé, donna encore plus de force au sentiment de l'indépendance nationale.

Le congrès de Vienne répartit de nouveau l'Italie entre un grand nombre de dynasties, dont pas une seule — peut-être excepté celle de Savoie —, ne pouvait être regardée comme nationale. Ces dynasties apportèrent toutes — et celle de Savoie plus qu'aucune autre — les habitudes et les tendances d'un régime absolu, en partie féodal comme au moyen-âge, des priviléges de la noblesse et du clergé aux dépens des autres classes. Le code français (qui avait été conservé presque partout autant que cela avait été possible) contribua non-seulement à imprimer à l'éducation politique et aux sentiments de la toute jeune génération, une direction entièrement opposée, mais encore les conditions sociales et populaires y avaient puisé un développement qu'il n'était plus possible d'arrêter. Ce contraste de ces institutions qui étaient devenues une habitude pour la majorité du peuple et l'oppression qui venait de lui être imposée par la force, éveillèrent l'esprit de l'opposition politique, tandis que le rétablissement des divisions de certains territoires, en échange de leur ancienne vie commune sous un même gouvernement, heurta le sentiment de la communauté chez les Italiens, du moins chez ceux du nord, tandis que enfin le sentiment de l'indépendance nationale, qui avait été excité par des proclamations de la diplomatie autrichienne elle-même, afin de renverser la domination étrangère de la France, se trouvait beaucoup plus profondément blessé par la domination imposée par l'étranger, de l'Autriche et des petits souverains du nord de l'Italie, qui, n'offraient pas même, comme autrefois la France, un dédommagement pour la perte de leur indépendance nationale, par une législation et un gouvernement libéral.

C'est ainsi qu'il se forma peu à peu dans toute l'Italie un parti de mécontents, aussi bien de la politique intérieure de chacun des États en particulier que des conditions nationales de tout le pays. Ce parti forma des sociétés secrètes — comme les carbonari — des complots politiques, enfin une révolte ouverte. Nous avons déjà indiqué que la révolution espagnole de 1820 avait produit les mêmes effets à Naples et dans le Piémont, et comment elles furent les unes comme les autres comprimées par l'intervention des grandes puissances qui renversèrent les Constitutions qui avaient été accordées et rétablirent partout l'absolutisme.

Pourtant le mouvement général des esprits ne se laissa pas réprimer et plutôt continua à se répandre, soit en secret soit par de nouvelles révoltes qui, il est vrai, — comme celle dans les États du pape en 1830 — restèrent sans résultat, maís du moins firent pénétrer plus profondément dans l'esprit du peuple les idées libérales et nationales. Néanmoins les conditions restèrent les mêmes pendant assez longtemps dans la péninsule, elles ne firent même que s'empirer jusqu'à ce que enfin, en l'an 1847, l'irritation politique qui ne pouvait presque plus être maîtrisée, reçut une espèce de satisfaction et en même temps un nouvel encouragement par les réformes concédées volontairement par le nouveau pape Pie IX dans les États de l'Église, parmi lesquelles étaient le licenciement de la Consulte, une assemblée de députés séculiers pour exercer le contrôle sur les finances et servir de conseil au gouvernement pour la confection des lois.

Ces réformes libérales accordées au nom de la religion, furent aussi concédées par d'autres princes italiens, tout d'abord par ceux de Toscane et de Piémont. Dans ce dernier pays régnait depuis 1831 une ligne collatérale de la dynastie, en la personne du prince de Carignan, Charles-Albert. Depuis longtemps le parit libéral avait porté toutes ses espérances sur ce prince qui avait abandonné le système de gouvernement absolu de ses prédécesseurs et s'était dégagé de l'influence du cabinet de Vienne qui exerçait une sorte de tutelle sur toutes les cours italiennes. Cependant jusqu'en 1847 Charles-Albert n'avait encore rien fait de décisif pour réaliser les espérances fondées sur lui. A ce moment il se déclara prêt à se mettre à la tête d'une lutte pour le rétablissement de l'indépendance de l'Italie; en même temps il publia une série de décrets libéraux pour l'amélioration de l'administration, de la justice et pour la liberté de la presse.

A la même époque le roi de Naples fut aussi contraint par le mouvement révolutionnaire en Sicile et sur le continent d'accorder une Constitution. Charles-Albert ne pouvait pas non plus rester en arrière et le 4 mars 1848 fut proclamée la Constitution du Piémont. Elle est la seule qui résista aux effets de ce temps de tiraillements en Italie, tandis que toutes les autres furent abolies après la victoire des Autrichiens sur le Piémont et le renversement de la république romaine par les Français. La Constitution du 4 mars 1848 qui ne fut alors que pour le Piémont, s'est répandue dans tous les États de la péninsule — à mesure qu'ils sont devenus partie du royaume de Piémont — à l'exception des pays qui sont restés sous la domination autrichienne et celle du Pape, et elle est aujourd'hui le pacte constitutionnel d'un royaume de 22 millions d'habitants. Voici les points principaux de cette Constitution:

Le pouvoir législatif, y compris l'interprétation des lois existantes, est partagé entre le roi et deux Chambres, celle du sénat et celle des députés. Le pouvoir exécutif appartient au roi. Celui-ci a le commandement supérieur de l'armée; il a le droit de déclarer la guerre, de faire la paix, de conclure des traités d'alliance et de commerce (sous réserve du consentement des Chambres pour les traités qui imposeraient une charge aux finances de l'État, ou entraîneraient un changement dans le territoire du pays); il nomme les ministres et les autres fonctionnaires de l'État; il approuve et promulgue les lois; il a le droit de grâce. Les ministres sont responsables, et aucun acte royal n'est valable sans leur coopération. Les deux Chambres sont convoquées chaque année par le roi, qui peut les proroger et dissoudre celle des députés. Les propositions de lois peuvent être faites par le roi et l'une ou l'autre des deux Chambres. La religion catholique est la religion de l'État, toutes les autres sont tolérées. Tous les citoyens sans distinction de croyance sont égaux devant la loi, jouissent des mêmes droits civils et politiques et concourent dans une égale proportion aux charges de l'État. La liberté personnelle, la sûreté des biens (excepté l'expropriation pour cause d'utilité publique et contre indemnité), la liberté de la presse, de pétition et de réunion, y sont garanties. Aucun impôt ne peut être perçu qu'en vertu d'une loi.

Les princes de la famille royale ont à 21 ans le droit de siéger et à 25 celui de voter dans le sénat. Ce corps est composé d'un nombre indéterminé de membres nommés à vie par le roi et choisis dans certaines catégories de la société (archevêques, évêques, députés, ministres, ambassadeurs, hauts fonctionnaires de la justice et de l'armée, etc., de célébrités intellectuelles, enfin de citoyens payant plus de 3000 frcs. d'impôts). Ils doivent être âgés d'au moins 40 ans. Le sénat est en même temps haute Cour de justice pour les procès de haute trahison ou contre les ministres.

Pour devenir député, il suffit d'être citoyen, en jouissance de tous ses droits civils et politiques et être âgé de 30 ans. Les électeurs doivent avoir au moins 25 ans, savoir lire et écrire (cependant certaines parties du royaume sont dispensées de cette dernière condition); de plus ils doivent payer 40 frcs. d'impôt direct annuel ou un certain loyer pour un magasin (qui varie suivant l'importance de la commune). Ces conditions n'existent pas pour les membres des académies scientifiques ainsi que pour ceux des chambres du commerce et de l'industrie, pour les professeurs des arts et des sciences, les employés civils et militaires, les porteurs d'une décoration nationale, les dignitaires académiques, ceux qui exercent une profession libérale et les agents de change confirmés par le gouvernement. Les employés ou toute autre personne salariée par l'État, ne sont pas éligibles, à l'exception de certaines classes de fonctionnaires comme: ministres et sous-secrétaires d'État, conseillers d'État, hauts fonctionnaires de la justice, de l'armée de terre et de la marine, etc., ainsi que les professeurs dans les Universités, mais ils ne peuvent représenter plus du cinquième du total des députés. Les membres du clergé ne sont également pas éligibles lorsqu'ils remplissent un emploi et ont charge d'âmes, par exemple les évêques, les moines, les vicaires, etc.

La Chambre des députés a la priorité pour l'examen des lois de finances et le droit de mettre les ministres en accusation. Les séances des deux Chambres sont publiques. Il n'est alloué aucune indemnité ni aux sénateurs ni aux députés. Le président et le vice-président du sénat sont nommés par le roi.

Des garanties suffisantes sont données par la Constitution pour l'indépendance et l'impartialité de la justice.

L'organisation des provinces et des communes est fixée par la loi organique de 1850. L'administration de la province est composée d'un préfet, comme représentant du pouvoir exécutif, d'un conseil provincial élu par les citoyens y appartenant et par un comité du même conseil comme son organe permanent pour les affaires courantes de l'administration. Il y a dans chaque commune un conseil municipal à la tête duquel est le chef de la commune ou syndic, qui est nommé par le roi et choisi parmi les membres du conseil.

Une autre loi de 1863 a modifié la précédente en attribuant à ces subdivisions une plus grande indépendance administrative.

Même avant les événements de 1859 et des années suivantes, qui étendirent la Constitution et la domination du Piémont sur presque toute l'Italie, cet État relativement petit passait pour être celui, de tout le continent, avec la Belgique, qui était le mieux gouverné, jouissant des plus grandes libertés constitutionnelles, et en possession des meilleures garanties pour la jouissance de ces libertés. Le Piémont était redevable de ce bonheur, comme la Belgique, à cette heureuse circonstance qu'il trouva dans son sein des personnalités qui soutinrent cette Constitution. Ce que fut pour la Belgique le roi Lépold, le premier ministre du roi Victor-Emmanuel, successeur de Charles-Albert, le comte Cavour, le fut au moins pour le Piémont. Mais il y eut une autre cause favorable pour le pays et basée sur les événements, par conséquent une plus sûre et plus durable garantie pour la consolidation et le prompt développement des libertés constitutionnelles. Ce ne fut que par le déploiement général et énergique de toutes les forces du pays et par un gouvernement rigoureusement populaire, que Victor-Emmanuel, qui reçut la couronne de son malheureux père après la défaite de Novara, put protéger son pays contre les conséquences de cet événement qui rétablit la toute-puissance de l'Autriche sur presque toute l'Italie, et conserver les institutions libérales à ses États entièrement isolés au milieu de tous autres gouvernements exclusivement absolus. Et la sympathie que devait éveiller dans toutes les autres populations italiennes, un gouvernement essentiellement libéral et constitutionnel, pouvait seule faire espérer la réunion au Piémont de tous les autres États, et servir de point de ralliement à tous les partisans d'une Italie unique sous un seul sceptre, lorsque le moment en serait venu. Le Piémont était l'État modèle pour toute l'Italie; là seulement existaient véritablement la liberté de conscience et la liberté civile et politique; là on voyait les intérêts matériels, le commerce, l'industrie, l'agriculture protégés et développés par de sages mesures, et en même temps les sciences, les arts, la littérature réveillés et protégés, l'instruction publique améliorée suivant l'esprit du temps, et avant tout la consolidation et le développement des institutions constitutionnelles faire des progrès sûrs et constants. Le résultat de tous ces efforts ne se fit pas attendre: les sympathies et les espérances de tous les patriotes italiens se concentrèrent sur le Piémont constitutionnel, et c'est ainsi que Victor-Emmanuel put, après avoir, avec l'aide des Français, enlevé aux Autrichiens la Lombardie et annexé les autres États de la Haute-Italie — Toscane, Parme, Lucques — qui avaient chassé leurs souverains, soumettre également à son sceptre Naples et la Sicile et former un seul royaume italien. Les circonstances extraordinaires qui entraînèrent le gouvernement de Victor-Emmanuel dans ces entreprises, tantôt avec l'aide de Napoléon, tantôt avec celui du parti révolutionnaire ou celui de l'action en Italie, le contraignirent, ou tout au moins lui servirent d'occasion d'adopter parfois des mesures exceptionnelles qui suspendirent en quelque sorte la marche légale des institutions constitutionnelles; par exemple après la paix de Villafranca il lui fallut restreindre la liberté de la presse affligée de la déception des espérances nationales, pour l'empêcher de blesser son puissant allié Napoléon; de même qu'il ne fut pas possible d'éviter l'établissement d'une dictature en raison des événements dans l'Italie inférieure; néanmoins on pouvait regarder comme assuré dans son ensemble le système constitutionnel dans le nouveau royaume d'Italie, qui était trop bien enraciné et assuré contre toute tentative de retour vers l'absolutisme; d'autant plus que pour assurer l'unité et l'indépendance de l'Italie, il fallait encore longtemps employer toutes les forces et les ressources qu'un gouvernement libéral peut seul trouver et mettre en mouvement.

Les trois royaumes scandinaves présentent dans leurs rapports constitutionnels le contraste le plus extraordinaire. La Suède a une représentation sous forme d'états depuis les temps anciens et d'après les principes féodaux du moyen-âge; la Norvége a une Constitution des plus démocratiques de l'Europe sous le rapport des droits des représentants du peuple et le peu de priviléges de la couronne, mais par contre assez conservative en ce qui concerne le droit électoral; en Danemark enfin, il y a une Constitution qui, dans les premiers points, ne diffère pas essentiellement des autres Constitutions de l'Europe, mais qui, par la composition des corps constitutionnels, a un caractère fortement radical.

La Suède avait depuis les temps anciens des états différents de ceux qui avaient existé autrefois dans la plupart des États allemands, c'est-à-dire comprenant une quadruple représentation: la noblesse, le clergé, les citadins et les agriculteurs. Par l'ordonnance des états du royaume de 1617, la noblesse obtint le privilége du droit personnel de faire partie de ces états et elle gagna par là une importante prépondérance numérique, tandis que les autres classes ne s'y trouvaient que représentées, par exemple: le clergé par l'évêque de chaque diocèse avec un membre du chapitre et un prêtre de chaque juridiction; la bourgeoisie par le bourgmestre et un membre du conseil ou de chaque ville; l'agriculture par un ou deux élus dans chaque juridiction. Quant à la répartition des pouvoirs entre les états et la couronne, elle varia à plusieurs reprises, tantôt lorsque la royauté augmenta sa prépondérance par les succès de sa politique à l'extérieur (comme sous Charles X, Charles XI et Charles XII), puis pendant la minorité du monarque (comme après la mort de Gustave-Adolphe), les changements de dynastie (comme l'arrivée au trône du mari d'Éléonore Ulrich, Frédéric de Hesse, plus tard encore d'Adolphe-Frédéric de Holstein-Gottorp, qui chaque fois furent l'occasion de véritables capitulations électorales), ou par toute autre circonstance qui permit aux états d'augmenter la somme de leur puissance. Chacune de ces augmentations de pouvoir tourna plus particulièrement au profit de la noblesse qui était beaucoup plus forte en nombre et en influence, et il n'arriva que trop souvent qu'elle n'usa de sa prépondérance que pour ses propres intérêts et ceux de sa classe, voire même pour ceux de l'étranger au détriment du pays lui-même. Il en résulta que le peuple irrité de la puissance de la noblesse aspirait à un changement, et c'est ainsi que Gustave III put oser, avec l'appui de quelques bataillons et de la bourgeoisie de Stockholm, renverser par un coup d'État la toute-puissance de la noblesse qui, surtout par le soi-disant «Conseil du royaume», exerçait une influence exagérée sur le gouvernement. Le 21 août 1772 survint une réconciliation des quatre états par la publication de «la Forme du gouvernement» ou loi fondamentale, qui déterminait exactement la ligne de démarcation entre la puissance royale et celle des états. Le conseil de l'empire fut conservé «mais seulement pour donner des conseils au roi et non pas pour gouverner». Il devait être nommé par le roi et composé de chevaliers du royaume et de gentilshommes, y compris les hauts fonctionnaires de l'État. Lorsque le roi devait traiter de la paix, de suspension d'armes, d'alliances, il était obligé de demander l'avis du conseil du royaume, et de se conformer à sa décision prise à l'unanimité. Il en était de même lorsque le roi voulait aller à l'étranger. Le conseil du royaume concourait à la nomination aux emplois supérieurs civils et militaires; la gestion du gouvernement lui appartenait pendant la minorité du souverain ainsi qu'en cas de maladie subite du roi ou lorsqu'il faisait de longs voyages. Au roi seul appartenait le droit de grâce et celui de conférer la noblesse, seulement le nombre de familles nouvellement crées nobles était fixé; les états du royaume ne devaient se réunir que sur une convocation royale, excepté à la mort du roi. Aucune loi n'était valable si elle n'était approuvée par le roi et les états du royaume. Les propositions de lois pouvaient provenir aussi bien des états que du roi, qui devait d'abord les soumettre au conseil du royaume. Un changement dans la valeur des monnaies devait être approuvé par les états, de même que la levée des impôts et les dépenses de toutes sortes, excepté quand le royaume se trouvait attaqué par des armées ennemies, dans lequel cas le roi pouvait prendre toutes les mesures nécessaires; mais aussitôt après la fin de la guerre, il devait convoquer les états et suspendre les impôts y relatifs. La durée des sessions des états devait être d'au moins trois mois, au bout de ce terme le roi pouvait la clore; si jusque-là il n'y avait pas eu de nouvelle décision prise sur le budget, tout restait dans l'ancien état. Il y avait un comité des états avec lequel le roi délibérait sur les affaires qui, d'après sa volonté, devaient rester secrètes; dans ces cas le comité avait le même pouvoir que les états eux-mêmes. Toutes les autres affaires devaient être traitées par l'assemblée entière. Le comité exerçait le contrôle sur les affaires de l'État et vérifiait si les fonds accordés avaient bien été employés pour l'utilité et le bien du royaume.

Cette loi fondamentale, en raison des intrigues continuelles de la noblesse pour affaiblir la puissance royale et quelquefois même d'une manière très-inquiétante pour la sûreté de l'État, surtout pendant la guerre que le roi entreprit contre la Russie en 1788, fut modifiée par un nouveau compromis — l'acte de réunion et de sûreté de l'an 1789 — dans le sens d'une plus ferme consolidation de la royauté; surtout il y fut accordé au roi le droit d'entreprendre la guerre, de conclure la paix ou des alliances avec les puissances étrangères, de nommer à tous les emplois du royaume; en un mot il fut délivré de la tutelle oppressive qu'avait toujours exercée sur lui la noblesse par le moyen du conseil du royaume. En plus l'égalité de toutes les classes devant la loi par rapport à la propriété foncière et l'admission aux emplois de l'État y fut réglée d'une manière positive, à l'exception de réserve de priviléges accordés à la noblesse pour l'occupation de hautes fonctions de l'État et pour posséder certaines catégories de biens-fonds.

Les fautes de Gustave IV, monté trop jeune sur le trône, facilitèrent aux intrigues de son oncle et ancien tuteur, le duc Charles de Sudermanland et à l'avidité de puissance de la noblesse, à entraîner par la force un changement de souverain. Gustave IV abdiqua la couronne, son oncle fut appelé au trône sous le nom de Charles XIII et fit aux états auxquels il devait sa couronne, des concessions importantes et cela d'autant plus facilement que, comme il était sans enfants, il n'avait pas à se préoccuper de l'avenir ni de l'importance des pouvoirs royaux qui lui étaient conférés. La Constitution du 7 juin 1809 restreignit la royauté dans des limites très-étroites. Le conseil d'État qui n'était autre que l'ancien conseil du royaume (avec la différence qu'il n'était pas nécessaire d'être noble pour en être membre) fut en jouissance des mêmes droits que ceux de l'ancien conseil pour restreindre le pouvoir royal et le contrôler. Les seules affaires extérieures et militaires restèrent exclues de la compétence du conseil de l'État et réservées au roi avec l'assistance du ministre compétent; le roi ne devait prendre aucune décision relative à la guerre et la paix sans en avoir référé au conseil de l'État, sans cependant être astreint à se conformer à son vote. Il était réservé au conseil une coopération importante dans la nomination et la destitution de tous les fonctionnaires désignés par le roi; le roi devait prendre l'avis du conseil lorsqu'il voulait voyager à l'étranger, et pendant cette absence, ce dernier dirigeait les affaires du gouvernement, ainsi que dans le cas de maladie du roi, pendant sa minorité et dans le cas de l'extinction de la famille régnante, jusqu'à ce qu'un nouveau successeur ait été élu par les états du royaume. Le roi ne pouvait exercer le droit de grâce qu'après avoir entendu l'avis de la justice supérieure et devait communiquer sa décision au conseil de l'État. Lorsque des ordres du roi concernant le commandement de l'armée en temps de guerre (ainsi l'emploi de la force armée), étaient jugés par le ministre de la guerre comme contraires à la Constitution, il devait en appeler au conseil d'État, et, dans le cas où le roi persistait dans sa décision, il devait donner sa démission et l'affaire était portée devant le conseil du royaume. Jusqu'à la décision du conseil, il conservait ses appointements intacts.

Il y avait dans la nouvelle loi des décisions exactes pour la protection légale, la liberté des personnes et des biens, l'inviolabilité du domicile, le libre exercice de la religion etc. La presse ne pouvait pas être soumise à des entraves, les délits de presse ne devaient être punis que par la justice régulière et suivant les lois du pays. Les états du royaume se réunissaient au moins tous les cinq ans, en vertu de la loi fondamentale. Ordinairement ils décidaient à la fin d'une session l'époque de leur prochaine réunion. Le roi pouvait convoquer extraordinairement les états. C'était le droit et même le devoir du conseil de l'État de convoquer les états lorsque le trône se trouvait vacant;

en cas de minorité du nouveau roi, lorsque le roi se trouvait empêché de régner, par suite de maladie, pendant plus de douze mois ou s'il restait pendant ce laps de temps hors du pays. Si le conseil de l'État ne remplissait pas ce devoir, les états se réunissaient d'eux-mêmes. Toutes les dépenses pour les besoins de l'État, ainsi que les recettes ou contributions, devaient être approuvées par les états et rigoureusement employées suivant qu'ils l'avaient prescrit dans tous les détails. Les membres du conseil d'État étaient responsables de cet emploi. Les contributions accordées par les états étaient perçues jusqu'à la fin de l'année précédant une nouvelle assemblée, puis suspendues, parce que la décision à prendre par cette nouvelle assemblée avait force de loi à partir du commencement de l'année. A chaque session des états, il était mis à la disposition du roi une double somme; l'une pour les cas de nécessité pressante (guerre ou autre) puis l'autre à prendre à la banque (qui est sous la surveillance et la garantie des états); cependant il ne peut faire emploi de l'une comme de l'autre qu'avec l'autorisation du conseil d'État et en convoquant en même temps les états.

Le roi ne peut faire aucune nouvelle levée d'hommes sans le consentement des états, et en général aucun changement dans l'organisation de l'armée et de la marine; il ne peut pas non plus contracter un emprunt. Il ne peut être distrait aucune portion du territoire de l'État, ni aucun domaine ou apanage de la couronne sans le consentement des états, pas plus qu'être fait aucune modification dans la valeur des monnaies.

L'abolition, la suspension et la promulgation des lois appartiennent en commun aux états et au roi. L'initiative en pareil cas est donnée à l'un et à l'autre. Lorsque le roi veut faire aux états une proposition de loi ou donner sa sanction à une décision de ces derniers, il doit demander un rapport au conseil d'État et à la haute Cour de justice.

Le mode de vote doit naturellement présenter quelque difficulté pour une représentation divisée en quatre corporations indépendantes les unes des autres. Les décisions à cet égard, renfermées dans la Constitution de 1809, sont très-compliquées. Dans les questions de finances (consentement et autres), où une décision est indispensable, et où d'un autre côté cependant on voudrait respecter le droit de consentement de chacun des états, il est prescrit que, dans le cas de dissentiment entre tous ou partie des états sur le consentement demandé, l'affaire est soumise à un comité particulier chargé de résoudre la difficulté. Si donc trois des états se prononcent dans le même sens, le quatrième doit céder; mais s'ils se trouvent deux contre deux, le comité augmenté de membres de tous les états et dont la majorité l'emporte, tranche le différend comme Comité des états du royaume. Pour les lois ordinaires par contre, il suffit de la majorité des états; mais s'ils sont deux contre deux, la loi est rejetée.

Des modifications à cette loi fondamentale sont rendues particulièrement difficiles à introduire. Les propositions à cet effet ne sont pas portées devant l'assemblée des états eux-mêmes, mais d'abord devant le comité constituant. Lui seul peut soumettre de pareilles propositions aux états. Ceux-ci ne doivent pas prendre une décision sur la proposition du comité dans la session pendant laquelle elle leur est faite, mais seulement dans la suivante. Tous les états doivent être unanimes, alors seulement la proposition peut être soumise à la sanction du roi, laquelle ne peut être accordée qu'après que tout le conseil d'État a été consulté. Lorsque le roi veut lui-même proposer une modification à la Constitution, il doit d'abord prendre l'avis du conseil d'État, puis la proposition est soumise également au comité constituant; si le comité accepte la proposition, il la présente aux états qui ne doivent en décider que dans la session suivante; si par contre il se déclare contre, les états peuvent la rejeter immédiatement; si pourtant trois des états votent pour son admission, elle est renvoyée à la session suivante. Mais alors les quatre états doivent être d'accord pour que la proposition soit mise en délibération et l'objet d'une décision.

On doit suivre la même procédure pour l'interprétation de la loi fondamentale. Dans cette loi figure aussi l'ordre de succession au trône ainsi que la loi sur la presse telle que nous l'avons indiquée plus haut.

Il a été conservé de la Constitution de 1772, la décision que, lorsqu'à la clôture de la session le nouveau budget n'est pas encore voté, l'ancien reste en vigueur; si cependant les états n'ont pas pu, dans l'intervalle des trois mois de session, terminer toutes les affaires, ils peuvent prier le roi de la prolonger et il ne peut pas le refuser.

Depuis longtemps, la protection de la justice, l'incorruptibilité et l'intégrité des juges, même ceux de la haute Cour, avaient été un des points capitaux de toutes les Constitutions suédoises. Celle de 1809 renfermait un véritable système d'institutions de surveillance de la justice et de l'administration. Un « procureur » nommé par les états, exerçait un contrôle permanent sur les tribunaux supérieurs et autres Cours et faisait un rapport à chaque session des états sur l'état et l'application des lois, ainsi que sur les défectuosités qui avaient pu être remarquées, ainsi que sur les propositions pour leur amélioration. Il devait mettre en accusation devant la haute Cour du royaume, le tribunal entier ou les membres qui, suivant sa conviction, avaient, par intérêt personnel, partialité ou négligence, et par là, contrairement à la loi, mis en danger la vie, l'honneur, la liberté personnelle ou les biens de quelqu'un; mais, chose fort étrange, cette haute Cour n'était pas seulement composée de jurisconsultes, mais aussi d'un certain nombre de conseillers d'État et de hauts fonctionnaires civils et militaires. De plus les états élisaient à chaque session douze membres de chacun d'eux qui, sous forme de jury, avaient à décider si quelque membre des tribunaux supérieurs, sans avoir commis un délit justiciable de la haute Cour, avait par partialité ou maladresse, la réputation d'avoir perdu la confiance publique. Ceux qui avaient été jugés tels par une certaine majorité de ces jurés, et déclarés indignes, devaient être « éloignés de leur emploi par un congé de grâce » de la part du roi; mais cependant recevaient une pension de la moitié de leur traitement. Le comité constituant des états a le droit de vérifier les procès-verbaux du conseil d'État, et s'il trouve qu'un ministre, un secrétaire d'État, un chancelier de cour, un commandeur ou tout autre membre du conseil a agi contrairement à la Constitution ou les lois, ou a seulement négligé de faire des remontrances contre tout ce qui y est contraire, il peut, par l'intervention du procureur, le traduire devant la haute justice du royaume. Il peut aussi, lorsqu'il remarque chez quelques-uns ou tous les membres du conseil d'État, de l'ignorance, du manque de zèle ou tout autre défaut qui lui semblerait mettre en danger le bien-être du royaume, engager les états à demander au roi la destitution des personnes coupables. Il y a encore une disposition tout extraordinaire. Les états nomment à chaque session six personnes considérées pour leurs connaissances et leur science qui, conjointement avec le procureur, surveillent la liberté de la presse. Les auteurs ou imprimeurs peuvent leur soumettre à l'avance les ouvrages qu'ils veulent publier; si trois des commissaires avec le procureur, déclarent que l'écrit ne renferme rien de contraire aux lois, l'éditeur est déchargé de toute responsabilité; dans le cas d'erreur des commissaires la responsabilité leur incombe.

La Constitution de 1809 existe encore aujourd'hui dans son ensemble sans aucun changement, bien que Charles XIV Jean (maréchal français, Bernadotte, que les états avaient déjà en 1810 élu comme prince héritier de Charles XIII qui était sans enfants) monta en 1818 sur le trône et fonda une nouvelle dynastie. Les seuls progrès faits en Suède, dans la voie constitutionnelle, sont, en 1834, la publicité des séances des états et, en 1841, une responsabilité plus déterminée des chefs de départements. Il est vrai qu'il a été provoqué un changement fondamental du système surané et compliqué de la Constitution, la transformation de la quadruple représentation en deux Chambres, comme dans les autres pays, et cela plusieurs fois depuis cinquante ans, soit de la part de quelques-uns des états eux-mêmes, soit du gouvernement, et surtout, et cela sérieusement dans les dernières années, où le gouvernement proposa un véritable projet de Constitution dans un sens plus conforme aux besoins du temps; mais sa réalisation n'a pu avoir lieu en raison des difficultés que présente l'ancienne Constitution et que nous avons déjà signalées, à moins que la pression de l'opinion publique ou des événements extérieurs ne viennent les aplanir.

La Norvége avait, après la dissolution de l'union de Kalmar (qui avait joint pendant longtemps les trois États scandinaves en un seul), pendant que la Suède luttait pour recouvrer son indépendance, élu (1523) pour son roi le souverain de Danemark Frédéric I. Celui-ci garantit aux Norvégiens, par une capitulation, leurs anciens droits, particulièrement celui qu'aucun impôt ne pouvait être perçu, s'il n'avait été consenti par le Conseil du royaume. Après la mort de Frédéric I, une partie du peuple se déclara en faveur du comte palatin Frédéric. Mais comme Chrétien III, fils de Frédéric I, soutenait ses droits en Norvége comme en Danemark, et que la majorité du Conseil du royaume réuni à Bergen, vota pour lui, il profita de cette circonstance pour enlever à la Norvége son indépendance et son droit électoral, et même pour dissoudre le Conseil du royaume et depuis la gouverner, comme si elle n'était qu'une province du Danemark, par un lieutenant qu'il y envoyait.

Les circonstances ne différèrent pas essentiellement en Norvége et en Danemark, où la royauté à états se transforma en une absolue (1660). Les Norvégiens eurent, il est vrai, la satisfaction de ne pas être dominés tant par le peuple danois que par le roi, et de partager ainsi le sort de ce premier; mais, non seulement sous les gouvernements suivants du Danemark il fut exercé contre eux un despotisme plus dur que dans le pays métropole, mais encore on s'attaqua surtout à leur nationalité que l'on voulait leur faire perdre pour les faire Danois. Mais ces tendances, puis d'autres attaques du Danemark contre l'esprit du peuple (comme l'essai d'introduction d'une grande noblesse foncière semblable à celle du Danemark), irritèrent le sentiment national des Norvégiens. Par suite des complications qui assaillirent le Danemark dans le commencement de ce siècle, et de l'impossibilité évidente dans laquelle il se trouva de protéger la Norvége, le lien qui unissait les deux pays se trouva entièrement rompu. Mais le ays ne voulait pas davantage devenir suédois, et quoique livré à ses propres forces, il luttait contre la Suède lorsque le pays fut concédé à cet État par la paix de Kiel (1814). Le prince danois Chrétien-Frédéric, comme lieutenant, avait espéré conserver la Norvége au Danemark. Mais comme le parti national était bien éloigné de vouloir d'une réunion avec le Danemark qui avait abandonné leur pays, et comme les Norvégiens aspiraient à former un royaume indépendant, ils demandèrent à leur lieutenant qu'il leur donnât une Constitution comme à un peuple libre. Ce fut ainsi que Chrétien-Frédéric se décida, dans une assemblée de notables tenue à Eidsvold, à accepter la régence du pays et convoqua dans le même lieu une assemblée de députés du peuple pour élaborer une Constitution. Cette assemblée (dans laquelle se trouvaient, par extraordinaire, auprès des fonctionnaires et les députés des grandes et des petites villes, aussi ceux de l'armée et de la flotte) promulgua en peu de temps une Constitution en vertu de laquelle Chrétien-Frédéric fut proclamé roi de Norvége.

Pendant ce temps la première paix de Paris avait concédé la Norvége à la Suède. Chrétien-Frédéric consentait à résigner la couronne, mais à la condition que le gouvernement suédois octroierait, sous la garantie des quatre grandes puissances, une Constitution libérale aux Norvégiens. Le gouvernement suédois ne voulut pas y consentir. Les Norvégiens essayèrent de résister par les armes, mais on en arriva bientôt à une suspension d'armes. Le roi de Suède promit d'accepter la Constitution de Eidsvold sous réserve des modifications (à accepter par l'assemblée à réunir en vertu de cette Constitution) nécessitées par la réunion des deux pays. La Constitution ainsi modifiée (du 4 novembre 1814) renferme les décisions suivantes:

La Norvége est un royaume libre, indépendant, indivisible et inaliénable, réuni avec la Suède sous un seul roi.

La religion évangélique-luthérienne demeure la religion de l'État. Les habitants qui la professent ne peuvent pas élever leurs enfants dans une autre. Les jésuites et ordres monastiques, ainsi que les juifs, ne seront pas tolérés. Tous les fonctionnaires doivent professer la religion luthérienne.

On trouve dans cette Constitution des prescriptions très-compliquées pour assurer l'indépendance de la Norvége de la Suède. Un «acte gouvernemental de 1815» règle encore plus exactement ce rapport entre les deux États.

En cas d'extinction de la maison régnante, les états de Suède et de Norvége (sur la proposition du dernier souverain et, à défaut, de leur propre initiative) doivent élire un nouveau monarque commun pour les deux pays; s'ils ne peuvent pas parvenir à se mettre d'accord, tous deux nomment un comité commun qui prend une décision obligatoire pour l'un et l'autre. Le roi doit chaque année demeurer quelque temps en Norvége. Il nomme un Conseil d'État composé de bourgeois norvégiens. En son absence le roi confie le gouvernement de la Norvége à un vice-roi (au prince héritier ou à son fils lorsque celui-ci est majeur) ou à un lieutenant

(Norvégien ou Suédois) et à au moins cinq membres du Conseil d'État. En plus le ministre d'État de la Norvége et deux membres du Conseil d'État sont toujours auprès du roi, lorsque celui-ci est en Suède. Ce n'est qu'en leur présence et après l'avis du gouvernement norvégien que les affaires de ce pays peuvent être traitées; ils sont responsables constitutionnellement tout aussi bien que les membres du gouvernement local. Les revenus de la Norvége ne peuvent être employés que pour les besoins de ce pays. En temps de paix il ne peut être envoyé aucune troupe suédoise en Norvége, pas plus que vice versa; pourtant le roi peut avoir une garde volontaire norvégienne en Suède et réunir pour peu de temps et pour des manœuvres, les troupes des deux pays. Dans une guerre offensive les troupes et les navires norvégiens ne peuvent pas être employés sans le consentement de la représentation nationale. Les deux flottes doivent toujours être parfaitement distinctes l'une de l'autre. La landwehr norvégienne ne doit jamais sortir du pays. Si le roi veut commencer la guerre, il doit d'abord entendre le rapport du gouvernement norvégien sur l'état du royaume, des finances, etc. Puis il convoque les conseillers d'État norvégiens de son entourage avec ceux de la Suède en Conseil d'État extraordinaire, auquel il soumet le rapport du gouvernement norvégien ainsi que celui du gouvernement suédois. Il est dressé procès-verbal des deux rapports sous la responsabilité des deux Conseils et le roi décide entre eux deux. Tous les actes du roi relatifs à la Norvége doivent être contre-signés par le ministre d'État (à l'exception des affaires relatives au commandement de l'armée). Toutes les représentations et les résolutions concernant la Norvége, doivent être rédigées dans la langue de ce pays. Le ministre d'État norvégien et les deux conseillers qui sont auprès du roi, ont droit de siéger et de voter dans le conseil suédois lorsqu'il est traité d'affaires concernant les deux pays. Dans le cas de minorité du souverain, les Conseils d'État de Norvége et de Suède se réunissent en un seul pour convoquer immédiatement les députés des deux pays. Jusqu'à ce que ceux-ci aient réglé tout ce qui est nécessaire pour la tutelle, etc. (ce qui a lieu dans la même forme que pour le choix d'une nouvelle dynastie), un nombre égal de conseillers d'État suédois et norvégiens sont chargés des affaires du gouvernement. Il en est de même en cas de long empêchement du roi par suite de maladie ou autre cause.

Les prérogatives royales sont du reste semblables à celles des autres souverains constitutionnels. Pour en faire usage, il doit à peu près comme en Suède avoir recours à la coopération du Conseil d'État. Il peut accorder des décorations, mais point de titres qui ne sont pas attachés à une fonction publique, ni aucun privilége personnel (ainsi donc aucune noblesse). Il peut destituer les hauts fonctionnaires civils et militaires après avoir entendu le Conseil d'État; les autres employés ne peuvent perdre leur place que par suite d'un jugement. La prérogative du roi de contracter des alliances et de conclure des traités de paix n'est soumise à aucune restriction.

La représentation du pays ou le Storthing est divisé en deux parties, le Lagthing et le Odelsthing. Le Lagthing est une fraction de tout le Storthing (un quart) qui est composée par des membres élus par leurs collégues; les autres forment le Odelsthing.

Le droit de vote pour le Storthing appartient à tout citoyen norvégien âgé de plus de vingt-cinq ans, demeurant depuis cinq ans dans le pays et étant ou ayant été fonctionnaire, ou possédant dans le pays une propriété foncière cadastrée, ou qui en a affermé une depuis plus de cinq ans, ou a obtenu le droit de bourgeoisie dans une ville, ou possède dans une ville ou un bourg une maison ou un terrain d'une valeur d'au moins 850 frcs. Les élections sont indirectes. Dans la campagne 100, dans les villes 50 électeurs primaires nomment un électeur du deuxième degré. Pour la première en moyenne 10 électeurs, pour les secondes 4, nomment un député. Dans le Storthing la proportion de la représentation des villes à celle de la campagne doit toujours être de 1 à 2. Pour être électeur au deuxième degré, il n'y a pas de conditions particulières à remplir. Pour être député il faut avoir au moins 30 ans d'âge et habiter le pays depuis dix ans. Les députés reçoivent une indemnité.

Le Storthing se réunit de lui-même tous les trois ans à un jour déterminé. Le roi peut le convoquer extraordinairement, et ne peut dissoudre que cette seule assemblée extraordinaire. Un Storthing ordinaire reste assemblé aussi longtemps qu'il le juge nécessaire, mais cependant pas au-delà de trois mois sans la permission du roi. Les séances du Storthing sont publiques.

Le Storthing a les droits constitutionnels ordinaires — le consentement aux impôts et contributions, l'autorisation des emprunts, le contrôle des actes du gouvernement, la surveillance sur les procès-verbaux du Conseil d'État, ainsi que sur les alliances et traités contractés, enfin le droit d'assignation ou de mise en accusation de tous les fonctionnaires du gouvernement, à l'exception du roi et de la famille royale (cependant les princes sont également responsables s'ils remplissent d'autres fonctions que celle de vice-roi). Un droit particulier qui appartient au Storthing, est d'accorder la naturalisation aux étrangers sans l'intervention du roi.

Le pouvoir législatif est partagé entre le Storthing et le roi. Toutes les propositions de lois doivent être faites d'abord au Odelsthing et sont transmises par lui (modifiées ou non) au Lagthing. Si les deux Thing ne peuvent se mettre d'accord, ils se réunissent en une seule assemblée, qui tranche la question à la majorité des deux tiers des votes.

Le roi ne possède que le droit de veto suspensif. Une proposition de loi qui a été adoptée trois fois de suite par le Storthing, acquiert force de loi, même sans la sanction royale.

La Cour de justice du royaume est formée de tous les membres du Lagthing (présidée par le président de ce corps) et de ceux de la haute Cour. Elle juge sur les mises en accusation de la part du Odelsthing soit contre les membres du Conseil d'État ou les juges supérieurs pour abus dans leurs fonctions, ou contre les membres du Storthing pour des crimes commis par eux en cette qualité.

Les droits généraux du peuple sont soigneusement et libéralement déterminés.

Des modifications à la Constitution proposées à un Storthing ne peuvent être acceptées ou repoussées que dans la session suivante par les deux tiers des voix; elles ne doivent pas non plus être en contradiction avec les principes fondamentaux de la Constitution.

Cette Constitution sans changement important est encore aujourd'hui en vigueur. Diverses tentatives de la part du gouvernement de lui imprimer un sens plus monarchique, particulièrement de transformer le droit de veto suspensif en un droit absolu, ont toujours été repoussées par la fermeté du Storthing. On a également rigoureusement maintenu l'indépendance comme État, de la Norvége vis-à-vis de la Suède, ce qui était facilité par la position isolée des deux royaumes, qui leur permit de se soustraire à peu près aux effets des complications européennes.

En Danemark il existait, comme en Suède, jusque vers la fin du 17e siècle, une ancienne Constitution d'états avec une forte prépondérance des éléments aristocratiques. A la fin celle-ci devint si oppressive que, dans l'assemblée de 1660, les deux autres états, le clergé et les villes, opérèrent un changement complet de la Constitution. Par ce qu'on appela la loi royale (lex regia) il fut conféré au chef de l'État un pouvoir absolu et l'on suspendit la représentation des états. Depuis cette époque et pendant 170 ans, les rois de Danemark eurent une puissance illimitée, mais en partie, particulièrement sous l'influence de ministres éclairés d'origine allemande, ils l'exercèrent dans un sens libéral. Les dangers extérieurs et les pertes qu'éprouva le Danemark par son attachement pour Napoléon, donnèrent un certain mouvement à l'esprit du peuple; cependant après le Congrès de Vienne, les conditions extérieures de puissance de l'État ne furent pas très-favorables, et la forme du gouvernement ne subit aucun changement. Seulement après 1830, soit par suite de l'excitation des esprits, causée par la révolution française, soit par les prétentions du Schleswig-Holstein, on se trouva entraîné à accorder à chacun des pays réunis sous le sceptre danois, les îles, le Jutland, le Schleswig et le Holstein, des états provinciaux, mais seulement avec voix délibérative.

Cet état dura jusqu'en 1848. La lutte de nationalité avec les duchés détourna l'intérêt des Danois pour les questions de libertés intérieures et permit au roi de continuer à régner d'une manière à peu près illimitée.

Le contre-coup de la révolution parisienne de 1848 se fit sentir en Danemark avec d'autant plus de force que le soulèvement qui eut lieu presque en même temps, dans les duchés, contre la tentative illégale de leur incorporation au royaume, blessa au plus haut point le sentiment national des Danois. Des démonstrations en masses dans Copenhague, contraignirent le roi à former un nouveau ministère composé des chefs du parti du peuple (que l'on nomma le ministère Casino parce que ce fut dans ce local qu'eut lieu la première assemblée du peuple), et à convoquer une assemblée constituante. Le 5 juin 1849, la Constitution élaborée par elle fut sanctionnée par le roi comme loi fondamentale pour le Danemark.

D'après cette Constitution, la représentation du royaume consiste en une diète, composée d'un Folkething et d'un Landsthing. Le Folkething est nommé par le vote universel et direct sur les principes les plus larges. Pour jouir du droit électoral il suffit d'être âgé de plus de 30 ans, avoir une position indépendante et un domicile fixe. Pour être éligible il suffit d'avoir plus de vingt-cinq ans. Les élections ont lieu tous les trois ans. Le Landsthing est élu par les mêmes électeurs que pour le Folkething, mais au deuxième degré; est éligible quiconque est âgé de plus de quarante ans, peut prouver un revenu de 4500 frcs. ou le payement d'un impôt annuel de 750 frcs. Le Landsthing est à peu près moitié aussi nombreux que le Folkething. Par contre les élections ont lieu pour huit ans renouvelables par moitié tous les quatre ans. Les membres des deux Thing reçoivent une indemnité. La diète se réunit par son propre droit, tous les ans à un jour déterminé, si elle n'a pas déjà été convoquée par le roi. Elle a le droit de consentir les impôts et de surveillance sur l'administration des finances, de contribuer à la décision pour la levée des soldats, de proposer des lois, d'admettre ou refuser les lois proposées par le gouvernement, de faire des interpellations, de discuter des adresses, de faire faire des enquêtes par un comité; au roi appartient un droit de veto absolu. Le roi peut convoquer extraordinairement la diète, la proroger, mais pas pour plus de deux ans sans qu'elle y donne son consentement, et seulement une fois dans une session; il peut dissoudre les deux Thing ou l'un des deux, mais dans les deux mois qui suivent, il doit convoquer une nouvelle diète. Les ministres sont responsables et peuvent être, comme les autres criminels d'État, mis en accusation par le Folkething devant la Cour de justice du royaume, dont les membres sont élus par moitié parmi le Landsthing et l'autre moitié de la Cour supérieure de justice, chaque fois pour quatre ans. Les droits libéraux des citoyens sont garantis dans la plus grande étendue; l'autorité de la justice est très-grande; particulièrement elle peut recevoir toute plainte pour transgression des limites imposées au pouvoir administratif et en juger; elle n'a d'autre guide que les lois. L'indépendance administrative de la commune est garantie.

Il est pourtant étonnant que — avec une Constitution pour tout le reste d'une nature si démocratique — le roi possède le droit non-seulement « dans des cas très-critiques, si la diète n'est pas réunie, de promulguer des lois provisoires, qui pourtant ne peuvent pas contrevenir aux lois fondamentales et doivent être soumises à la diète dans la prochaine session », mais encore « d'établir, soit directement, soit par les autorités gouvernementales compétentes, des suspensions de lois existantes, lesquelles suspensions ont jusqu'à présent servi de règle. »

En l'an 1854 on tenta de constituer une représentation commune pour le royaume de Danemark et les trois duchés de Schleswig, Holstein et Lauenburg, sous le nom de Conseil du royaume, sous réserve du droit et de l'action de la diète danoise pour le royaume lui-même, c'est-à-dire, les îles et le Jutland. Comme cette Constitution — en raison des réclamations menaçantes des duchés et de la Confédération germanique — n'eut pas de durée, il est inutile d'en parler ici. Les luttes à cause de la situation de ces pays adjoints au royaume, ont jusqu'à présent beaucoup occupé le peuple danois ainsi que la diète. Les partis politiques se sont particulièrement groupés sur le terrain de la question. Il y avait un parti de la réunion qui voulait joindre les pays allemands au royaume sous une Constitution commune, mais tout en leur laissant une certaine indépendance plus ou moins étendue; et il y avait un parti de Eiderdanois qui voulaient que le Schleswig — jusqu'à l'Eider — fût complétement transformé en province danoise, par conséquent y introduire la Constitution danoise, par contre séparer les deux pays allemands, le Holstein et le Lauenbourg, et leur donner une représentation particulière, tout en ne leur accordant que des priviléges restreints.

Il faut remarquer, dans les conditions où se trouve la Danemark, la grande et prédominante influence que la population de la capitale exerce sur le gouvernement. Il est vrai qu'il se forma une fois dans la diète un parti de « amis des paysans » qui cherchait à faire valoir cette classe si importante de la population danoise et ses intérêts; mais le peuple de Copenhague répondit toujours par un refus dans toutes les questions politiques, comme cela a eu lieu nouvellement, après la mort du roi Frédéric VII, où le nouveau roi Chrétien IX fut contraint de maintenir la politique eiderdanoise dans toute sa rigueur et pour cela d'avoir même la guerre avec la Prusse et l'Autriche.

Le cercle des monarchies constitutionnelles de l'Europe, qui possèdent des institutions plus ou moins issues de précédents historiques ou du moins basées sur les principes généraux de la civilisation des États et du droit, est maintenant épuisé. Il ne nous reste plus qu'à mentionner en traits rapides quelques autres États où de semblables institutions constitutionnelles n'ont pas de semblables précédents historiques, mais sont pour ainsi dire toutes fraîches écloses, ne présentent qu'une expérience, et ont été établies pour la plupart par des influences extérieures qui sont loin d'être favorables à un paisible développement et à leur consolidation.

Parmi ces États, le premier rang appartient à la Grèce. Déjà pendant la guerre de l'indépendance nous y trouvons les commencements d'institutions représentatives. D'abord (1821) les diverses parties de la Grèce (orientale, occidentale, le Péloponèse) avaient chacune une Constitution et une représentation particulière, cette dernière divisée par commune, district, et une députation générale formée par ces premiers. En l'an 1822 parut une Constitution provisoire pour toute la Grèce, en 1827 une nouvelle, toutes les deux d'après le modèle de celles modernes de l'Europe occidentale. Les circonstances exceptionnelles de la guerre, les luttes violentes des divers chefs de partis à l'intérieur, ne permirent pas la consolidation régulière de la vie constitutionnelle. En 1832 la Grèce fut entièrement délivrée du joug des Turcs, et sous la protection de la Russie, de l'Angleterre et de la France, fut déclarée royaume indépendant et eut pour roi le prince Othon de Bavière. Pourtant celui-ci régna sans avoir une véritable Constitution et sous la forme d'un système bureaucratique. Mais le mécontentement croissant du peuple, qui était surtout occasionné par l'admission d'étrangers dans le service de l'État, ainsi que par les difficultés toujours croissantes de l'état des finances, engagea à la fin les puissances protectrices à demander elles-mêmes la convocation d'une assemblée nationale pour remédier à cet état de choses. Avant cependant que l'on y fût parvenu, la révolution éclata et le roi fut contraint de chasser tous les étrangers, de former un ministère national et de convoquer une assemblée constituante. Le 30 mars 1844 fut promulguée une Constitution imitée dans son ensemble de celle de France. Elle garantissait l'égalité de tous devant la loi, la liberté personnelle, la liberté de la presse, la liberté de religion, ainsi que l'enseignement gratuit. Les droits du roi sont les mêmes que ceux accordés dans tous les États constitutionnels; il les exerce sous la contre-signature d'un ministre responsable. Les juges sont inamovibles, il y a un jury.

Le corps législatif est composé d'une Chambre des députés et d'un Sénat. Les députés sont élus pour trois ans; est électeur tout citoyen âgé de plus de 25 ans; et pour être éligible il faut avoir trente ans et posséder dans le département une propriété d'une valeur déterminée. Les sénateurs doivent être âgés de 40 ans; ils sont nommés à vie par le roi. Les sénateurs reçoivent ainsi que les députés un traitement mensuel de 555 frcs. environ pour les premiers et 225 frcs. pour les seconds.

Depuis, le mécanisme constitutionnel a continué sa marche sans interruption, mais le pays n'est pas encore parvenu à consolider les affaires intérieures. Sans parler des difficultés extérieures et des embarras financiers, avec lesquels la Grèce a eu à lutter depuis sa délivrance et qui, malgré le progrès incontestable de son industrie, de son commerce et de sa marine marchande, n'ont pas encore pu être surmontés, elle ne possède encore que dans une trop petite proportion les éléments de l'ordre et d'un développement paisible et légal, qui sont le fruit d'un plus long usage des libertés constitutionnelles; les passions grossières, l'amour des complots et de l'emploi de la force l'emportent toujours. Une nouvelle révolution a, en 1863, renversé du trône le roi Othon et y a placé un fils du prince Chrétien de Glucksbourg (le roi de Danemark actuel); mais la Constitution n'a subi aucun changement.

Le plus grand obstacle à un paisible développement de la vie constitutionnelle en Grèce, est cette circonstance que les divers partis politiques intérieurs de cet État sont souvent excités et encouragés par les intrigues de puissances étrangères qui s'efforcent de faire de la Grèce le point d'appui de leurs plans politiques en Orient.

Il en est de même et encore à un plus haut degré dans les duchés danubiens (la Moldavie et la Valachie) et en Serbie. Ils ont tous cherché de plus en plus à s'affranchir de la domination turque et à former un État indépendant. Il était bien naturel que, par ces luttes, l'esprit d'indépendance politique de ces peuples devînt plus ferme et la nécessité de jouir de la liberté, comme dans les autres États européens, fût plus impérieuse. En partie les formes constitutionnelles y furent introduites par les grandes puissances, qui aspiraient à exercer une influence dominatrice dans ce pays, tantôt par la persuasion, quelquefois même à moitié par force.

Dans les pays danubiens l'introduction des institutions constitutionnelles date de l'an 1829, mais il est vrai sous une forme très-imparfaite. La révolution de 1848 y fut cause de l'admission de quelques améliorations; mais ce qui fut infiniment plus important, ce fut le changement complet de la situation de ces pays, qui fut apporté en 1858 par une conférence des grandes puissances à Paris. Les deux duchés reçurent une nouvelle Constitution et une nouvelle loi électorale. Cette dernière n'est pas, il est vrai, parfaitement libérale: sur 4 millions $^1/_2$ d'habitants il n'y a qu'environ 5000 électeurs. Par l'élection d'un seul chef pour les deux duchés, en la personne du colonel Cusa, ces deux pays consacrèrent leur union politique, qui fut complétée par la réunion de leurs représentants en une seule assemblée. Le manque d'hommes d'État et d'éducation politique, ainsi que souvent les luttes de partis excitées le plus souvent par des influences extérieures, sont un obstacle à un développement paisible et ferme de la vie gouvernementale; néanmoins il n'est pas possible de méconnaître qu'il y a eu un progrès dans les conditions matérielles et en partie encore dans celles intellectuelles.

La Serbie aussi avait déjà pendant sa lutte d'indépendance contre les Turcs essayé des institutions représentatives. Milosch Obrenowitsch fut en 1827 élu prince héritier par une assemblée nationale. Il voulut en 1835 introduire, avec la coopération des représentants du peuple, une Constitution unitaire; mais la Porte refusa son consentement. Par contre en 1838 fut élaborée une autre Constitution (à ce que l'on dit, sous l'influence de la Russie) qui restreignit dans une certaine mesure le pouvoir du chef de l'État, dont Milosch commençait à abuser. Auprès du prince se trouve un Sénat (une sorte de conseil d'État) qui se complète lui-même par des propositions de candidats parmi lesquels le prince fait son choix pour remplir les places vacantes et duquel dépendent aussi les ministres; il a à coopérer à la fixation de la quotité de l'impôt, des traitements des fonctionnaires, à la fixation de tout ce qui a rapport à l'armée et à l'élaboration des lois. En plus il existe une représentation générale du pays, la Skuptschina, formée des chefs des communes, des distrits et des provinces. Il est à peine possible de pouvoir mentionner également dans ce pays une véritable vie constitutionnelle régulière.

Les susdits essais constitutionnels — car on ne peut pas autrement nommer des Constitutions purement importées de l'étranger — présentent encore un intérêt particulier en ce que ce sont jusqu'à ce jour les seules institutions représentatives qui existent dans des États dont les peuples sont slaves ou tout au moins ont une certaine affinité avec cette race. Des deux grands pays qui ont été depuis longtemps les représentants de cette puissante race dans ses deux branches principales, la Pologne possédait déjà autrefois une Constitution parlementaire. Elle était entièrement aristocratique: la noblesse représentait exclusivement le pays dans le Sénat et dans la Chambre des nonces (y compris le haut clergé), maîtrisait la royauté, depuis surtout qu'elle était devenue élective, et tyrannisait le pays.

Le droit excessif que possédait chacun des membres de la diète, de suspendre par son opposition (le dit liberum voto) toute décision de la diète, rendait entièrement impossible toute vie constitutionnelle régulière et légitimait en même temps l'arbitraire et l'illégalité d'un parti violent. La Constitution que l'empereur Alexandre I de Russie donna le 27 novembre 1815 au royaume de Pologne réuni à la Russie, mais qui fut annulée en 1831 après la répression de la révolution polonaise, entourait le roi de ministres responsables et d'un Conseil d'État, et mettait à ses côtés un parlement composé d'un Sénat dont les membres étaient nommés à vie par le roi, et d'une Chambre de nonces pour laquelle les assemblées provinciales des nobles nommaient 77 membres et celles des communes 51. La position du parlement vis-à-vis de la couronne était à peu près celle déterminée dans la charte de Louis XVIII, mais pourtant plus restreinte.

Quant à la Russie, on y voit, comme dans tous les pays, les grands obtenir passagèrement et dans certaines circonstances, une influence restreignante et le contrôle sur le pouvoir supérieur. On y trouve aussi quelques exemples d'une représentation générale de l'empire, ou du moins de la participation du clergé et de la bourgeoisie de Moscou aux priviléges civiques de la noblesse. Depuis Pierre-le-Grand a disparu toute trace d'une pareille influence de la noblesse ou de tout autre classe. Ce n'est que dans les provinces dites occidentales (Courlande etc.) qu'il existe encore depuis longtemps des états d'après le modèle féodal, et l'empereur Alexandre II a rétabli en Finlande les institutions représentatives d'après le modèle suédois et qui y existaient autrefois. Peut-être le temps n'est pas loin pour la Russie, où elle renoncera à ce système bureaucratique qui y est presque plus oppressif que dans n'importe quel autre pays. L'émancipation des paysans va ouvrir la voie à de nouvelles institutions sociales qui devront aussi introduire de nouvelles formes dans les actes de l'État en général.

CHAPITRE CINQUIÈME.

LES CONSTITUTIONS ET LES REPRÉSENTATIONS DES RÉPUBLIQUES DU NORD DE L'AMÉRIQUE ET DE LA SUISSE.

Deux républiques ont droit à une place particulière dans cette histoire des États constitutionnels, auprès des monarchies de l'Europe: les États-Unis du nord de l'Amérique et la Suisse. Quant aux États du milieu et du sud de l'Amérique, même sans en excepter l'empire du Brésil, depuis leur séparation d'avec leurs métropoles européennes, ils ont été exposés à des tiraillements continuels et ne sont pas encore aujourd'hui, pour la plupart, parvenus à une forme solide et sûre de leur état constitutionnel.

Les émigrants européens qui fondèrent des colonies dans les déserts du nord de l'Amérique, y apportèrent pour la plupart l'esprit de liberté de leur mère-patrie, qui s'était développé soit sous la protection des Constitutions de leurs pays respectifs, soit par suite des luttes qu'ils avaient eu à soutenir contre le despotisme. Cette dernière circonstance entre autres se rapporte particulièrement à ceux qui quittèrent l'Angleterre à cause des persécutions politiques ou religieuses sous le gouvernement des Stuart. Sur ce sol de l'Amérique encore vierge et privé de toute trace de droit historique, où chacun n'avait à attendre de secours que de ses propres forces, le sentiment de l'indépendance dut naturellement se développer avec force et promptitude, et forma une race d'hommes qui surent aussi bien défendre courageusement leur liberté contre l'étranger, que l'établir fermement à l'intérieur et lui donner les formes convenables pour les circonstances.

On trouve dans ces colonies diverses conditions constitutionnelles, cependant en général elles sont toutes semblables à celles de l'Angleterre dans leurs principes fondamentaux, c'est-à-dire la liberté légale et l'égalité. Bientôt après la guerre de l'indépendance contre l'Angleterre (en l'an 1774 et suiv.) les divers États se donnèrent chacun, l'un après l'autre, une Constitution. Dans les mêmes années les treize États se déclarèrent indépendants de l'Angleterre et firent ensemble un traité de confédération qu'ils renouvelèrent en l'an 1778 et auquel ils donnèrent plus tard une plus grande extension. Mais ce ne fut que quelques années après qu'ils eurent véritablement et définitivement conquis leur indépendance, que, les anciens traités étant reconnus comme insuffisants pour le maintien de l'unité et de l'ordre intérieur, le 17 septembre 1787, fut promulguée cette Constitution des États libres du nord de l'Amérique, qui (avec quelques améliorations de peu d'importance qui y furent apportées dans les années suivantes) a été conservée comme loi fondamentale de l'Union — malgré l'immense extension qu'a prise depuis cette grande fédération d'États — et qui, jusqu'à il y a quelques années où la fatale guerre civile a commencé, est resté le ferme lien de tous les membres de cette Union.

Cette Constitution attribue le pouvoir législatif en ce qui concerne l'Union entière et non les États en particulier, à un congrès qui est composé d'un Sénat et une Chambre de représentants. Chaque État envoie au Sénat deux sénateurs élus par son assemblée législative; ils sont nommés pour six ans et sont renouvelés tous les deux ans par tiers. Un sénateur doit avoir au moins 30 ans d'âge, être depuis neuf années citoyen des États-Unis et habitant de l'État qui l'envoie. Les représentants sont élus par chacun des États en nombre proportionné avec leur population. Ils sont élus par les mêmes électeurs qui élisent les membres de l'assemblée législative de leur État respectif. Pour être éligible il faut être âgé d'au moins 25 ans, depuis sept ans citoyen des États-Unis et habitant de l'État dans lequel on est élu. Le congrès se réunit au moins une fois chaque année. Les sénateurs et les députés reçoivent une indemnité. Aucun d'entre eux ne peut, pendant la période de ses fonctions, être appelé par le gouvernement de l'Union à un emploi de l'État qui serait nouvellement créé ou plus grandement rétribué. Aucun fonctionnaire de l'Union ne peut être en même temps sénateur ou représentant.

La Chambre des représentants met en accusation les fonctionnaires infidèles de l'État et le Sénat les juge.

Les bills financiers sont d'abord présentés à la Chambre des représentants; néanmoins le Sénat peut les modifier tout aussi bien qu'un autre projet de loi.

Un projet qui a été adopté par les deux Chambres est soumis à la signature du président pour devenir loi exécutoire. Si le président a des observations à faire contre cette loi, il les communique à la Chambre de laquelle le projet est émané; elle examine ces observations; si la Chambre adopte de nouveau cette loi avec les deux tiers des voix, elle est renvoyée à l'autre Chambre, et si celle-ci l'adopte également avec la même majorité, le bill prend force de loi malgré qu'il ne soit pas signé par le président.

Le président des États-Unis entre les mains duquel repose le pouvoir exécutif reste en fonctions pendant quatre ans. Il est procédé à son élection de la manière suivante. Chaque État élit d'après sa loi électorale, autant d'électeurs qu'il envoie de sénateurs et de représentants au Congrès, et ces électeurs ne doivent être ni sénateurs, ni représentants, ni fonctionnaires des États-Unis. Ces électeurs déposent deux votes, l'un pour le président, l'autre pour le vice-président. Si la majorité absolue de tous les électeurs a voté pour une même personne, elle est proclamée président; si aucune n'a obtenu cette majorité, la Chambre des représentants procède à l'élection parmi les trois candidats qui ont obtenu le plus de voix. Dans ce cas ce n'est pas la majorité des voix qui est prise en considération par la

Chambre, mais celle des États. Il en est de même pour l'élection du vice-président.

Le président peut, à l'expiration de son mandat, être réélu; cependant il n'a été fait que rarement usage de cette faculté.

Le président doit être un citoyen né dans les États-Unis, âgé d'au moins 35 ans et habiter depuis 14 ans les États de l'Union. Dans le cas de destitution, de résignation de sa charge, ou de mort du président, le vice-président remplit ses fonctions. Si celui-ci se trouvait également hors d'état de pouvoir les remplir, le Congrès prend les mesures nécessaires. Le président reçoit une indemnité.

Le président a le commandement supérieur de l'armée et de la flotte; il peut commuer les peines infligées pour les crimes contre les États-Unis et faire grâce entière, excepté dans le cas de mise en accusation pour administration publique, par la Chambre des représentants. Il conclut les traités et les alliances, nomme les ambassadeurs, les consuls, les juges des Cours supérieures, mais conjointement avec le Sénat. Il peut convoquer le Congrès en session extraordinaire. Le président, le vice-président, et tous les fonctionnaires civils peuvent être, sur une plainte de la Chambre des représentants et un jugement du Sénat, destitués de leur emploi pour trahison, concussion ou autre grand crime.

En plus de ces décisions sur les pouvoirs exécutif et législatif, la Constitution américaine en renferme encore d'autres relatives aux rapports des divers États avec le pouvoir fédératif et aux droits de chacun d'eux, soit comme dépendants de la Confédération, soit dans leurs rapports entre eux. Ces décisions ne touchent en rien les éléments représentatifs de la Constitution. Il faut cependant remarquer que le Congrès, comme pouvoir législatif supérieur des États-Unis, possède des droits très-étendus sur toutes les parties de cette Union d'États, et que sous le rapport des relations extérieures et générales, la guerre, la paix, les alliances et autres traités avec l'étranger, l'armée et la flotte, la politique commerciale, les finances, les poids et mesures, les postes et les grandes voies de communication, etc., chacun des États est entièrement dépendant de lui.

Les Constitutions particulières des États ont cela de commun avec celle de l'Union, qu'elles confient le pouvoir exécutif de chacun, au gouverneur dont le mode d'élection et les prérogatives sont analogues à ceux du président des États-Unis, et qu'elles partagent le pouvoir législatif entre deux Chambres, celle du sénat et celle des représentants. Les membres de ces deux Chambres sont élus par les mêmes électeurs, mais les conditions d'éligibilité sont différentes: pour être sénateur il faut être âgé de 25, 27 et aussi 30 ans au moins — habiter dans l'État où l'on doit être élu depuis un nombre d'années déterminé, et y posséder une propriété d'une certaine valeur; pour les représentants il n'existe pas de telles conditions, ou elles sont beaucoup moindres. Ces derniers ne sont élus pour la plupart que pour un an, les sénateurs pour plusieurs (par exemple à New-York pour quatre ans). Pour être électeur, il faut être âgé d'au moins 21 ans, habiter depuis un certain temps (le plus souvent un an) dans l'État, ou depuis peu de temps dans le lieu ou le district où l'on veut voter, et payer quelqu'impôt ou être au service de l'armée. Dans les États du nord les hommes de couleur peuvent égament voter, cependant sous des conditions difficiles à remplir.

La Suisse était autrefois une partie intégrante de l'empire allemand. Elle était principalement composée d'un grand nombre de corporations rurales libres et de quelques villes riches. Pour se garantir des attaques de la maison de Habsbourg contre leur liberté, elles formèrent entre elles une confédération, dite la confédération helvétique, qui, plus tard, s'agrandit par l'admission de nouveaux membres et devint indépendante à la fin du 15e siècle, depuis la paix de Westphalie et par la reconnaissance de ses droits de nationalité par l'empire allemand. Les Constitutions de chacune des parties de la confédération, les cantons, différaient entre elles; tantôt c'était des assemblées générales (comme dans les cantons d'Uri, de Schwyz, d'Unterwalden, etc.), qui exerçaient le pouvoir législatif, tantôt (comme dans ceux de Zurich, Berne, etc.) il y avait un grand conseil pour les affaires importantes, et un petit conseil pour celles courantes. Les conditions de la confédération étaient assez vagues, il y avait une sorte de réunion régulière de députés des cantons — sous le nom de diète (Tagsatzung) —, où les affaires communes étaient traitées; le véritable gouvernement était confié à un Vorort. Pour tout le reste chaque canton se regardait comme souverain.

Il en fut ainsi jusqu'en 1798. A cette époque les armes victorieuses et en partie aussi les nouvelles idées de la république française, pénétrèrent dans la Suisse. La neutralité du territoire, que la confédération avait su conserver si longtemps, fut rompue; le pays devint dépendant de la France, et pour rendre cette dépendance de rapports plus ferme on y introduisit une Constitution d'après le modèle de celle française, particulièrement démocratique et centralisatrice.

Depuis ce temps la Suisse — toujours sous l'influence de son puissant voisin — fit une série d'expériences constitutionnelles (dont la dernière fut l'acte de médiation de 1803, dicté par Napoléon), jusqu'à ce qu'enfin, après que les alliés eurent vaincu Napoléon, eut lieu d'abord une réunion (du 29 décembre 1813) de tous « les anciens États helvétiques » puis après le congrès de Vienne, un nouveau traité fédératif (du 7 août 1815).

L'ancienne Constitution fédérative avec Tagsatzung et Vorort fut rétablie. Qnant aux Constitutions particulières des cantons, elles furent également rétablies dans les points principaux sur les anciennes, et révisées sur quelques points. Elles présentaient toujours comme autrefois les variations les plus grandes; il régna dans la plupart un élément aristo-démocratique, et en partie une prépondérance oppressive de la capitale sur la campagne qui en dépend; quelques-unes étaient modérées, d'autres étaient restées démocratiques, comme elles avaient été dans les temps reculés.

Le contre-coup de la révolution française de 1830

fit éclater le mécontentement qui couvait depuis longtemps en Suisse contre le gouvernement des patriciens auquel elle était soumise. Le principe de la souveraineté du peuple ou démocratique l'emporta presque partout. Il ne l'emporta pas seulement en ce que la plupart des Constitutions renfermèrent des garanties pour la liberté personnelle et l'égalité devant la loi de tous les citoyens de cantons, mais aussi et surtout en ce que les priviléges oppressifs des villes sur la population des campagnes, furent abolis et qu'il fut promis des mesures utiles pour le peuple, par exemple: l'établissement de l'instruction publique, la liberté du commerce et de l'industrie, l'abolition du droit de détraction, et aussi l'adoption de formes politiques représentatives. Là où il n'existait pas, comme dans les petits cantons (Schwyz, Uri, Unterwalden, St. Galle, les Grisons, etc.), une représentation régulière de l'ensemble du peuple dans les assemblées dites générales, qui représentaient le pouvoir le plus élevé dans toutes les questions d'administration et de législation, le peuple conserva au moins, dans les affaires importantes, une participation directe et le droit de décision. C'est ainsi que dans la plupart des cantons il était attribué au peuple de contraindre, par un vote général, les pouvoirs constitués à une révision de la Constitution, et de sanctionner également par un vote général les changements qui y seraient apportés. Dans quelques cantons (par exemple Bâle-campagne) on étend ce droit même au point que, lorsqu'une simple loi a été adoptée et publiée par les pouvoirs constitutionnels, elle ne peut être mise en vigueur si, dans un certain délai, les deux tiers du peuple s'est prononcé contre.

La représentation régulière du peuple était composée dans la plupart des cantons de deux corps, un grand et un petit Conseil, ou toute autre dénomination. Le grand Conseil élu par le suffrage du peuple, représentait le pouvoir législatif et avait en plus en partie les fonctions administratives; il nommait — ou parmi ses membres ou parmi la bourgeoisie — le petit Conseil qui était en somme l'autorité exécutive. Quant au droit électoral actif et passif et les formes des élections, les Constitutions des cantons suisses présentent une bien plus grande variation que celles des divers États de l'Union américaine, ce qui s'explique par les plus grandes différences qui existent soit dans les circonstances historiques où elles ont pris naissance, soit dans les conditions de civilisation et de vie où les cantons se trouvent. Quelques Constitutions exigent pour l'exercice du droit électoral actif la possession d'un bien-fonds, ou une certaine somme d'impôt, ou toute autre garantie d'une complète indépendance personnelle ou d'une certaine éducation; d'autres l'accordent à tout citoyen majeur du canton; les unes adoptent le vote direct, d'autres celui indirect; on trouve aussi dans quelques-unes le principe de cooptation (de sorte qu'une partie seulement du grand Conseil émane de l'élection et le complète par son propre choix). L'éligibilité est dans la plupart soumise à un âge élevé, également à un cens d'impositions ou à toute autre condition.

On trouve le caractère démocratique de ces Constitutions dans ce fait que, non-seulement les fonctionnaires administratifs, mais la plupart de ceux de la justice ne sont que temporaires et qu'il sont élus partiellement par le peuple (dans les assemblées de districts). Depuis 1830 la plupart de ces Constitutions cantonales ont subi diverses modifications plus étendues; quelques-unes dans un sens entièrement antidémocratique, mais cependant enfin d'autres éminemment libérales. Par là s'est en général formé dans les diverses parties de la confédération suisse une plus grande uniformité dans les institutions et les idées politiques, laquelle uniformité facilita l'introduction d'une plus grande unité dans l'ensemble, et même en quelque sorte l'a rendue possible ainsi qu'elle a été développée et consolidée par sa mise à exécution.

Déjà en 1830 on sentait la nécessité d'une amélioration dans la Constitution de la confédération; il fut aussi fait alors et dans les années suivantes, quelques essais, mais qui sont restés sans résultat. Ce ne fut qu'en 1847 que la résistance ouverte d'une partie des cantons (le dit Sonderbund) contre le Tagsatzung, et par suite la guerre civile qui éclata, fit reconnaître à tous l'urgence d'une réforme complète de la confédération; il y fut procédé avec toute l'énergie naturelle au peuple suisse et l'on parvint heureusement à effectuer cette réforme, qui fut assez radicale, malgré l'opposition de plusieurs grandes puissances qui prirent le parti des cantons réactionnaires du Sonderbund et de l'ancienne forme de la confédération.

La « Constitution fédérative de la confédération suisse » du 12 septembre 1848, resserra plus solidement le lien fédératif qui jusque-là avait été très-relâché, et changea (pour nous servir d'une expression de droit public) la confédération des États en un État fédératif, restreignit la souveraineté des cantons en faveur d'un pouvoir unique et fort, et, et c'est le principal, ce pouvoir central reçut une forme en même temps nationale et constitutionnelle. A la place du Tagsatzung — une conférence d'envoyés des divers cantons qui votaient d'après leurs instructions —, fut établi un organe qui représentait l'ensemble du peuple suisse et qui agissait directement d'après sa propre impulsion et non en vertu d'un mandat étranger.

Le pouvoir supérieur de la confédération fut exercé par l'assemblée fédérative qui était composée d'un Conseil national et d'un Conseil des états. Le Conseil national fut composé des députés du peuple, un par 20000 âmes. Mais chaque canton a au moins un député à élire. Les élections sont au premier degré. Est électeur tout Suisse âgé de plus de 20 ans, et qui, d'après les lois du pays, n'est pas privé de ses droits civils dans sa résidence; tout électeur qui ne fait pas partie du clergé, est éligible. Les citoyens par naturalisation, reçoivent ce droit au bout de cinq années. Les élections ont lieu tous les trois ans. Le Conseil des états est composé de 44 députés des cantons nommés par le grand Conseil, dont deux par chaque canton.

L'assemblée fédérative exerce un pouvoir illimité pour la confection des lois et pour décider sur toutes les affaires qui tombent dans le domaine du pouvoir fédératif, ainsi sur la guerre et la paix, l'armée fédérative, les questions de douane et de commerce, les poids et mesures, les travaux et établissements publics (chemins de fer, postes, etc.) le droit de destitution, la surveillance supérieure sur les administrations cantonales, etc.

Les deux Conseils s'assemblent régulièrement tous les ans à un jour déterminé; mais une session extraordinaire peut avoir lieu sur la convocation du Conseil fédératif ou lorsque le quart des membres du Conseil national ou cinq cantons le demandent. Les membres des deux Conseils reçoivent une indemnité, ceux du Conseil national de la caisse fédérative, ceux du Conseil des états, des cantons. Chacun des deux Conseils peut présenter des projets de loi; les séances de l'un comme de l'autre sont de règle publiques. Le pouvoir exécutif supérieur est composé d'un Conseil fédératif de sept membres. Il est élu par l'assemblée fédérative (qui alors se forme en un seul corps) parmi tous les citoyens suisses éligibles pour le Conseil national, pour trois ans, et chaque fois renouvelé. Il ne peut jamais être élu plus d'un membre du même canton. L'assemblée fédérative nomme chaque année du sein du Conseil fédératif, un président de la confédération.

Les membres du Conseil fédératif reçoivent un traitement. Ils ont voix délibérative dans chacun des deux Conseils. Le Conseil fédératif, comme autorité, dirige les affaires de la confédération en se conformant aux lois et décisions en vigueur; il sanctionne ces lois et ces décisions et surveille leur mise à exécution; il contrôle l'application des garanties des Constitutions cantonales; il peut proposer à l'assemblée fédérative des lois et des mesures, et examine les propositions qui lui sont soumises par elle ou par les cantons. Il nomme les commissaires à envoyer à l'intérieur du pays ou à l'étranger. Il dirige les affaires extérieures et surveille la sûreté extérieure de la Suisse, ainsi que le maintien de la tranquillité et de l'ordre à l'intérieur. Il propose à l'assemblée fédérative toutes les mesures qu'il juge utiles pour le bien-être général. Dans des cas d'urgence, il peut, si les deux Conseils ne sont pas assemblés, lever des troupes et en disposer; cependant il doit convoquer immédiatement l'assemblée fédérative si la levée est de plus de 1000 hommes et doit rester sous les armes plus de trois semaines.

L'assemblée fédérative élit également, chaque fois pour trois ans, les membres de la Cour de justice fédérative, qui fonctionne soit comme tribunal civil et connaît des différends entre les cantons entre eux ou avec le pouvoir fédératif, soit comme tribunal criminel et juge les procès politiques — pour crimes contre la confédération, pour manque à leur devoir de la part des fonctionnaires fédératifs —, et pour protéger les droits qui sont garantis par la Constitution. Tout citoyen suisse éligible pour le Conseil national, peut être élu juge à la Cour fédérative.

Enfin l'assemblée fédérative nomme le général et le chef d'état-major de l'armée fédérative, ainsi que les représentants de la confédération à l'étranger.

La Constitution fédérative fonctionne depuis quinze années. Elle a produit les meilleurs résultats tant à l'intérieur qu'à l'extérieur dans des temps de tranquillité et d'autres très-agités. Elle a acquis à la petite Suisse une force de résistance et une considération à l'étranger, qui lui ont permis de sortir heureusement des plus sérieuses complications (comme dans l'affaire de Neuchâtel, celle de Dappenthal, et dans son différend avec l'Autriche par rapport à la Lombardie). Elle a activé d'une manière étonnante son développement matériel, son industrie, ses moyens de transport et de communication. Elle a — et c'est là le plus important témoignage de sa valeur — réuni autour d'elle tous les partis, même ceux dont les intérêts se trouvaient froissés par tant de réformes, et il n'y a que les ultra-conservateurs ou cléricaux qui n'en sont pas encore satisfaits; elle a enfin annihilé l'esprit de particularisme borné — « l'esprit de canton » comme l'appellent les Suisses eux-mêmes — qui avait pris une grande prépondérance par la désunion des cantons et le manque d'un lien unitaire, et rendu les citoyens suisses vraiment grands et nationaux, alors que souvent ils avaient prouvé un esprit égoïste, à idées étroites, jaloux entre eux des droits de leur canton et de leurs clochers.

CHAPITRE SIXIÈME.

CONSIDÉRATIONS GÉNÉRALES.

Nous allons réunir dans quelques considérations générales les détails de l'exposition historique qui précède.

Cette exposition a confirmé ce que nous avions fait prévoir dans l'introduction, c'est-à-dire le besoin le plus répandu et presque sans exception chez tous les peuples civilisés, de garanties constitutionnelles de liberté et de droits, mais surtout d'une représentation légalement organisée. Entre tous les États européens, il s'en trouve peu qui soient entièrement privés de ces institutions, et un à peine qui ne les ait possédées à une certaine époque, bien que plus tard il en ait été dépossédé. Les différentes races sont plus ou moins prédisposées à les posséder, mais aucune ne s'en montre absolument incapable.

Le système représentatif se trouve le plus complétement développé et le plus fermement consolidé là où il s'est formé toujours en même temps que l'État et a grandi avec toute la vie de la nation, comme en Angleterre et sa fille l'Amérique du nord; puis ensuite où il avait existé du moins autrefois un système constitutionnel, et qui, bien que resté pendant longtemps à l'état de ruine, n'était pourtant pas complétement étranger aux traditions et aux aspirations du peuple — comme en Belgique, dans les Pays-Bas, en Suisse. Mais le développement et la consolidation d'un système constitutionnel ont lieu d'autant plus difficilement là où le peuple a vécu longtemps dans un état de plus ou moins grande servitude et de sujétion. Lorsque de pareilles circonstances sont violemment détruites par une révolution, il arrive ou que le peuple ne peut s'habituer à une liberté subitement acquise et en dépasse les bornes raisonnables, ou bien que le souverain à qui de semblables concessions ont été arrachées, ne peut pas oublier les douceurs d'un pouvoir illimité, et s'efforce par tous les moyens possibles à reconquérir ce qui lui a été enlevé. Nous trouvons des exemples de ce dernier cas en Espagne dès 1823, puis à Naples dans la même période de temps et encore tout dernièrement, et dans beaucoup d'États allemands; l'opposé s'est produit, comme nous l'avons vu, en Espagne, en Portugal, également en Allemagne à l'époque de 1848, en Danemark et ailleurs. Les cas où un monarque absolu a volontairement abandonné une partie de son pouvoir et a sérieusement et sincèrement persisté dans cette voie, se rencontrent rarement dans l'histoire des Constitutions modernes, mais ils ne sont que plus méritoires.

Il est très-difficile de rétablir un juste équilibre entre la liberté et l'ordre détruits par des actes de violence de la part d'un côté ou de l'autre, quand, comme en France, toute la vie politique se trouve concentrée sur un seul point et offre par là une plus grande facilité aux abus despotiques de la part du gouvernement, et aux entreprises révolutionnaires de la part du peuple.

Nous rencontrons un tout aussi grand obstacle au constant développement de la vie constitutionnelle dans le manque d'un tiers état ou bourgeoisie fortement organisé; nous remarquons ce défaut dans plusieurs États de race romane, comme l'Espagne, le Portugal, qui en souffrent grandement; nous les voyons par suite de cette fatale circonstance, exposés aux fréquents ébranlements causés soit par des circonstances intérieures, soit par l'explosion violente tantôt de l'anarchie, tantôt du pouvoir militaire au service du despotisme.

Plus la spontanéité d'un peuple est grande, plus on voit se développer chez lui tout naturellement les progrès dans le commerce et l'industrie; plus il est mûr pour la liberté civile et politique et plus il en sent le besoin. Par contre, il n'existe pas pour le développement du commerce et de l'industrie de meilleure ressource qu'un système de Constitution bien réglé, une mesure par conséquent plus sûre de liberté et de spontanéité pour chacun, et une participation régulière du peuple dans les affaires publiques du pays. La patrie-mère des institutions constitutionnelles, l'Angleterre, est le pays du monde entier le plus industriel, le plus riche et le plus puissant par ses relations extérieures. Les deux États modèles du système représentatif sous des formes républicaines, l'Amérique du nord et la Suisse sont les plus actifs sous le rapport industriel et commercial. La Belgique, depuis qu'elle est devenue un État constitutionnel indépendant, a considérablement progressé, et en peu de temps, dans toutes les branches de la vie sociale, en chemins de fer, en marine marchande, en toute sorte de trafic. On remarque de semblables progrès, malgré les circonstances défavorables provenant en partie de l'extérieur, dans le jeune royaume constitutionnel de l'Italie. Même des pays d'une civilisation moins avancée, comme l'Espagne, le Portugal, la Grèce, les principautés danubiennes, ont acquis sous l'influence d'institutions libérales, une activité toujours croissante et productive sous le rapport du trafic. L'absolutisme peut, il est vrai, avec l'aide des forces de l'État concentrées dans ses mains, procurer quelques avantages au commerce et à l'industrie, leur donner une certaine impulsion, comme nous l'avons vu en Russie, en France, aussi autrefois en Prusse, en Autriche et ailleurs; mais alors on court toujours le danger de voir faire trop peu d'un côté et trop de l'autre, de voir protéger une seule branche d'industrie ou de trafic et par là souvent en arrêter une autre dans son développement naturel, appliquer faussement les forces financières sur un point, avantager certains individus ou certaines classes au détriment des autres. Nous en trouvons des exemples frappants dans l'histoire de la plupart des États européens pendant le siècle précédent, et quant à ce qui concerne particulièrement les conséquences pour le peuple et la société, de l'influence encourageante, voir même excitante d'un gouvernement absolu et irresponsable sur le développement colossal et artificiel de la spéculation, nous en trouvons un exemple instructif dans la France actuelle.

Pour obtenir une floraison vraiment naturelle, durable et progressant toujours, du commerce et de l'industrie, il est de toute nécessité d'arriver à acquérir peu à peu la liberté civile et politique dans une mesure suffisante, consolidée, excitée et fortifiée par la spontanéité du peuple.

On a souvent tenté de représenter le système constitutionnel comme l'ennemi d'un énergique déploiement à l'extérieur des forces de l'État, parce que, à ce que l'on prétend, il réduit le chef de l'État à avoir trop peu d'action sur les forces du peuple et empêche par là une action vive et énergique. Il est vrai qu'il est peu favorable à une politique de conquêtes et d'ambition personnelle. La prépondérance qu'acquièrent tôt ou tard, dans un État constitutionnel, les classes industrielles ou commerçantes, fera presque toujours pencher la balance en faveur de la paix. On a pourtant vu en Angleterre qu'un État gouverné d'après le système parlementaire, peut être puissant et même très-puissant. L'Amérique du nord a démontré une force et une ténacité étonnantes, aussi bien pendant la guerre pour son indépendance que celle postérieure, 1812, contre l'Angleterre, enfin dans la guerre civile existant encore entre les États du nord et ceux du sud — malgré les mauvaises conditions où se trouve son administration. — La petite Hollande put résister, dans les 16e, 17e et 18e siècles, avec sa Constitution républicaine, aux plus grandes monarchies, l'Espagne, l'Angleterre, la France, l'une après l'autre et avec succès. Par contre Napoléon I, avec son despotisme militaire, parvint par son rare génie de capitaine, à subjuguer pendant longtemps la moitié de l'Europe, mais lorsque les moyens de conserver cette supériorité furent épuisés, il lui manqua, à lui jusqu'alors tout-puissant, la force de se défendre dans son propre pays, et cela parce que le peuple n'avait été traité que comme une machine et non pas comme un être libre et capable de se diriger.

Le constitutionnalisme a de tout temps démontré son efficacité, lorsqu'il s'agissait de régénérer un État affaibli, abattu, ébranlé par les fautes de l'absolutisme. Les aspirations constitutionnelles des Espagnols (1812) coopérèrent énergiquement à leurs succès dans leur lutte de l'indépendance contre Napoléon. Il suffit à la Prusse, mise au bord de l'anéantissement par la bataille de Jéna, de ressentir les effets de la simple préparation à la fondation d'un système de gouvernement libéral et populaire, auquel elle était appelée en 1807 par les grandes réformes de Stein et de Hardenberg, pour procurer à cet État épuisé et tenu par son vainqueur dans des chaînes étroites, assez de nouvelles forces pour pouvoir au bout de peu d'années secouer le joug de Napoléon et prendre un rôle important dans la lutte commune contre l'ennemi général. L'Autriche se serait beaucoup plus difficilement remise des coups et des défaites de l'an 1859, si ses hommes d'État n'avaient pas suivi la prudente politique d'éveiller l'esprit du peuple par une Constitution et une législation libérales, et de consolider par là la confiance dans la stabilité de l'empire.

C'était par un préjugé semblable que l'on disait autrefois assez souvent que des formes constitutionnelles ne peuvent convenir qu'à de petits États et sont impossibles pour les grands. Depuis longtemps l'Angleterre était la preuve vivante du contraire; maintenant viennent s'y ajouter l'Italie, la Prusse et l'Autriche. On peut soutenir avec bien plus de droit que précisément les grands États ont le plus besoin d'un soutien pour le pouvoir central par la coopération des forces de toutes les parties même les plus éloignées du centre, et que, d'un autre côté, d'après toutes les expériences faites, le système parlementaire a besoin pour arriver à son entier développement et à des résultats utiles, de larges conditions gouvernementales, tandis que dans une petite sphère il s'amoindrit et dégénère. Par là s'explique aussi que, comme nous l'avons vu par l'Italie et l'Allemagne, les aspirations à une liberté constitutionnelle dans son développement naturel, se lient d'elles-mêmes à un besoin d'une plus grande unité nationale et à l'abolition des prétentions de petits États, là où ils existent.

Le système parlementaire reçoit une importance particulière dans les pays où il doit fondre ensemble des nationalités différentes et même ennemies les unes des autres. Déjà par la participation régulière à la direction des affaires communes, chacune de ces nationalités trouve une satisfaction à une partie de ses prétentions justes — le besoin en général d'une activité spontanée et particulière et par suite d'une manifestation publique et de la discussion de quelques plaintes sur des torts qu'elle croit avoir éprouvés — tandis que sous un gouvernement absolu, elle se regarde toujours comme opprimée par une autre nationalité et condamnée à la patience et au silence. Et lorsque dans les luttes parlementaires publiques les oppositions nationales semblent prendre quelquefois un caractère sérieux, elles perdent déjà, par suite de cette manifestation publique et de cette lutte à armes pacifiques, beaucoup de leur caractère hostile et du danger qu'elles pourraient facilement présenter, si elles ne pouvaient se manifester que par la ruse ou par la force. Nous trouvons la confirmation de la vérité de cette prétention, non-seulement dans les États-Unis du nord de l'Amérique et dans la Suisse, deux réunions d'États dans lesquelles, sous la puissante influence unitaire de la liberté, des nationalités très-diverses ont formé un tout unique, mais aussi dans la Belgique et également même dans l'Autriche, malgré la grande jeunesse de sa vie constitutionnelle.

Dans les États qui comprennent une pluralité de nationalités, il est doublement nécessaire de conserver avec soin le principe d'autonomie communale et provinciale ou l'administration personnelle, et de lui donner autant de développement que possible, parce que ce n'est que dans ce cercle restreint de la vie commune de races particulières, qu'il est possible de conserver la liberté de parler la langue maternelle et d'être gouverné par des gens du pays.

Parmi les variations particulières que présente l'histoire du système constitutionnel et de son développement, nous retrouvons quelques traits importants qui sont partout à peu près les mêmes. Parmi eux nous devons tout d'abord signaler le retour régulier des assemblées des représentants du peuple, sous forme de diètes, d'états, de parlements ou tout autre dénomination. Ce n'est que par une pareille régularité dans les réunions de telles assemblées, qu'elles peuvent conserver le caractère et la valeur d'institutions organiques et une participation légale à la direction des affaires publiques. La périodicité est déjà à elle seule un droit important et efficace des corps représentatifs, car par leur seule présence, leur initiative, leurs débats, ils exercent une influence active sur l'administration de l'État ainsi que sur l'esprit du peuple. Le commencement de la puissance du parlement anglais date du temps où les rois, d'abord contraints par des circonstances extérieures, le convoquèrent régulièrement, et cette régularité devint un usage indispensable. Ce fut avec raison que les états réunis de Prusse en 1847 mirent à la tête de leurs demandes pour l'extension de leurs droits, l'assurance d'une réunion périodique de cette assemblée.

La plus ou moins grande importance d'un tel corps représentatif dépend essentiellement de l'époque de sa périodicité. Les anciennes diètes des états féodaux, qui n'exerçaient qu'une action restreinte dans quelques affaires particulières de l'État, ne se rassemblaient que par périodes très-éloignées, peut-être tous les six ans; les représentants constitutionnels du peuple dont le droit de décision et de contrôle s'étend à tous les actes de la législature et de l'administration, doivent pour cela être bien plus souvent en fonctions. Dans les grands États constitutionnels ils se rassemblent tous les ans, dans les plus petits au moins tous les deux ou trois ans.

Une autre condition capitale d'une efficacité salutaire de ces représentations du peuple, c'est la publicité de leurs débats. Les états féodaux repoussaient la publicité parce qu'ils agissaient et décidaient en leur propre nom; priver une assemblée constitutionnelle de la publicité, c'est lui couper le nerf de la vie, car sa force repose particulièrement dans son action réciproque avec l'esprit public du peuple, qui doit la reconnaître comme la plus parfaite expression de la volonté éclairée de la nation. Entre les anciens états féodaux et le pouvoir, ou dans leur propre sein, il ne s'agissait jamais que de savoir si quelque chose était d'accord ou en opposition avec les priviléges des états généraux ou de quelque état particulier; par contre les luttes parlementaires dans les États constitutionnels portent bien plutôt sur la question de juger si quelque chose est avantageux pour le bien public, si, d'après les idées générales de nécessité et utilité politiques ou administratives, il faut adopter ou rejeter. Une lutte de ce genre ne peut être vidée que par des raisons fondées, dont la justesse doit pouvoir être soumise au jugement de tous par la voie d'un examen public et sans réserve. L'opinion publique, non-seulement du pays lui-même, mais aussi de tout le monde civilisé, est le tribunal devant lequel tout gouvernement, toute représentation du peuple, tout parti politique doit porter sa cause. Déjà la mise au jour d'un abus dans l'administration, d'une dissipation des finances de l'État nuisible au bien public, d'une fausse politique, qui n'est possible que dans des débats publics d'un corps représentatif — surtout si l'opinion publique, la presse, s'exprime dans le même sens — suffit seule pour détruire un si fâcheux état, même quand le gouvernement n'y serait pas contraint par une décision prise par la majorité du parlement. Même avec un organisme constitutionnel aussi imparfait que celui qui existe actuellement dans la France Napoléonienne, cette importance de l'opinion publique et celle des organes représentatifs renforcés par son influence, s'est déjà fait sentir par des résultats frappants.

Aussi voyons-nous aujourd'hui dans tous les États constitutionnels la publicité des débats parlementaires admise comme une règle immuable. Naturellement il peut se présenter des cas où une séance secrète — au moins pour quelque temps — semble nécessaire, par exemple pour des questions de finances ou de politique extérieure. Dans de pareils cas, la plupart des Constitutions accordent la suspension de la publicité soit sur la proposition du gouvernement, soit sur celle d'un grand nombre de membres. Cependant presque partout la décision elle-même de la fermeture des portes, doit être prise en séance publique.

Un complément essentiel de la publicité des débats parlementaires est la liberté de la presse légalement réglée, ainsi que le droit à tous les citoyens de se rassembler publiquement et de faire connaître leurs désirs ou leurs griefs par la voie de pétitions aux représentants de la nation. Avant l'année 1848, lorsque la censure existait dans tous les États allemands, la publication in extenso des débats parlementaires était permise. En France, depuis 1862, les journaux sont libres de reproduire en entier les discours prononcés au Corps législatif, à la condition de donner également complet celui de l'orateur qui y a répondu.

Par le rapport réciproque entre la liberté de la presse, le droit d'association, d'assemblée et de pétition accordé aux citoyens d'un côté, et les débats des représentants du peuple de l'autre, le mouvement des idées dans la nation est dirigé sur une voie légale et acquiert en même temps une influence régulière et efficace sur la marche du gouvernement. Le parlement, en se faisant l'interprète des justes souhaits du peuple, empêche les attaques des partis exagérés et sans frein, et devient par là tout naturellement le guide du peuple sur le chemin d'un progrès paisible et régulier; et d'un autre côté il puise toujours dans ce contact continuel avec l'esprit du peuple, une nouvelle force et un nouvel encouragement à avancer dans cette voie de progrès tranquille, mais constant.

Quant aux droits particuliers de la représentation du peuple, sa soi-disant compétence, il existe un grand nombre de degrés en plus ou en moins — depuis la simple voix consultative pour l'élaboration des lois et les respectueuses suppliques au souverain, jusqu'à ce système parfait de gouvernement parlementaire comme nous le trouvons en Angleterre. L'histoire des États constitutionnels d'aujourd'hui nous indique comme moyenne des droits parlementaires: celui d'accorder ou de refuser les impôts et contributions, celui d'arrêter l'état des dépenses publiques, puis, comme complément obligé, le droit de contrôle sur les dépenses effectuées ou le dépôt des comptes du gouvernement devant le parlement, enfin le droit que aucune loi ne peut être promulguée si elle n'a été soumise aux états, amendée ou rejetée; mais par contre, presque toutes les Constitutions (excepté celles de Norvége et de l'Amérique du nord) donnent au chef de l'État le droit de veto absolu contre des décisions législatives des représentants du peuple. La plus grande partie des Constitutions reconnaissent aussi aujourd'hui au parlement le droit d'initiative pour la proposition des lois, tandis qu'autrefois le plus grand nombre, surtout dans les États allemands, le reduisait à une simple supplique au gouvernement pour la publication d'une loi sur un certain sujet. Par contre, la privation du droit d'initiative pour les lois, imposée au chef de l'État, ne se rencontre que dans la Constitution portugaise comme une exception. Il est vrai qu'en Angleterre le droit de la couronne de proposer des lois est modifié, dans son emploi réel, en ce sens que le ministre compétent étant membre d'une des Chambres du parlement, on peut véritablement dire que le parlement seul est en possession de ce droit. D'un autre côté une pratique intelligente a introduit, dans ce pays, l'usage qu'aucune proposition de loi de quelque importance ne peut provenir que d'un membre du parlement, qui en même temps fait partie du gouvernement, et cela par la simple raison que le gouvernement est toujours à la tête de la majorité du parlement ou tout au moins de celle de la Chambre basse.

Une décision très-grave qui se trouve dans la plupart des Constitutions des petits États allemands ainsi que dans celles de la Prusse, de l'Autriche, du Danemark, et beaucoup plus étendue dans celles de l'Espagne et du Portugal, est qu'il est permis au chef de l'État de prendre, par voie de simple ordonnance, en l'absence des Chambres, des mesures ayant force de lois pour lesquelles l'adhésion du parlement eût été indispensable. On ne peut pas nier qu'il peut se présenter des cas où des mesures exceptionnelles sont indispensables au bien-être de l'État, mais il paraît évidemment préférable que, dans de pareils cas, les ministres agissent sous leur propre responsabilité et ensuite demandent aux représentants du peuple une déclaration justificative par la reconnaissance de la nécessité et l'opportunité des mesures prises — comme c'est la coutume en Angleterre (bill of indemnity) —, que de permettre et faciliter même constitutionnellement au gouvernement, la faculté de faire emploi de moyens extraordinaires de pouvoir, dont la suite est le plus souvent qu'ils font souvent usage de cette permission et aussi dans certains cas où la nécessité n'était pas absolument impérieuse.

Le droit d'adhésion est historiquement le premier, le plus indiscutable et le plus important de tous les droits constitutionnels. Mais il est aussi, sous le rapport de la mise en pratique, soumis aux plus grands dangers. Les états féodaux jouissaient en cela d'une plus grande facilité. Autrefois les besoins financiers les plus pressants de l'État et du prince étaient couverts par les revenus des domaines; ce que l'on avait à demander aux états n'était ordinairement que des dépenses qu'ils ne pouvaient pas bien refuser (comme pour la défense du pays) ou dont le refus ne préjudiciait à aucun besoin essentiel de l'État. Aujourd'hui où tous les besoins de l'État sont soumis par la Constitution à un examen et à l'approbation du parlement, il en est tout autrement. Un budget annuel doit être voté ou la machine de l'État ne peut plus fonctionner. Mais qu'arriverait-il, si pourtant il n'y en avait point de voté? Et combien il est facile que ce cas se présente, puisque chaque fois il faut le consentement des trois agents législatifs, le gouvernement et les deux Chambres! On a en effet, dans quelques États, prévu ce cas pour y remédier. En Suède, lorsque la diète n'a pas, avant de se séparer, arrêté un budget, l'ancien reste en vigueur. Dans les Pays-Bas, la Constitution de 1814 fit une différence entre le budget ordinaire qui fut toujours voté pour dix ans et le budget extraordinaire qui l'était chaque année. La législation de la Confédération germanique, a déjà apporté certaines restrictions au droit d'adhésion des états: ils ne peuvent pas refuser les sommes nécessaires à la gestion ordinaire des affaires publiques; de plus ils n'ont rien à opposer à des dépenses qui sont demandées dans un but concernant la Confédération. Quelques Constitutions renferment aussi d'autres restrictions: les états ne doivent pas faire dépendre leurs votes financiers de certaines conditions, comme, par exemple, la concession par le souverain à leurs exigences; s'il n'y a pas de budget de voté, les anciennes dispositions restent en vigueur pendant un certain temps — six mois ou un an —, et autres semblables. En Prusse et en Autriche, les impôts et les contributions continuent à être perçus sans nouvelle adhésion des états, aussi longtemps qu'il n'y a pas lieu à élever une dépense ou à en introduire une nouvelle. Et enfin en Prusse, le ministère Bismark a même introduit et mis en pratique la théorie qu'il en est de même pour le budget ou la loi dite financière que pour toute autre loi, c'est-à-dire, qu'un changement à ce qui existe ne peut avoir lieu que par l'accord des trois agents législatifs, et que, toutes les fois qu'un pareil accord n'a pas lieu, l'ancien budget reste en vigueur.

De pareilles restrictions ou d'autres semblables rendent le droit d'adhésion des états plus ou moins illusoire. Dans les États constitutionnels d'une parfaite organisation, on a avec raison renoncé à de semblables moyens et abandonné au bons sens du peuple et de ses représentants, ainsi qu'à l'intelligente initiative du gouvernement, le soin d'aplanir les différends qui peuvent se présenter quelquefois dans les questions financières. Cette attente n'a jamais été vaine. Ni en Angleterre, ni en Belgique, Hollande, Italie, etc., il n'est jamais arrivé que la machine gouvernementale ait été arrêtée dans sa marche régulière faute des ressources nécessaires.

Dans les cas extrêmes où le parlement refuserait d'approuver des dépenses qui seraient regardées comme indispensables, le chef de l'État a pour ressource l'emploi du moyen constitutionnel de la dissolution des Chambres et de l'appel au peuple; mais si par la réélection des mêmes députés, la majorité du peuple s'est déclarée en faveur de l'emploi fait par les anciennes Chambres de leur droit d'adhésion, il faut de toute justice que le gouvernement cède, puisqu'il est positif que c'est le peuple qui a la charge de fournir aux besoins de l'État et qu'il peut demander que ces besoins restent autant que possible dans la mesure de ses moyens.

Le privilége que possède partout en matière de finances la Chambre basse, ou le corps électif, sur la Chambre haute, des seigneurs, ou le sénat, est basé sur ce que la masse proprement payante pour la perception des impôts, n'est représentée dans ces derniers que par une minorité comparativement minime, quoique composée des plus haut imposés.

Dans quelques Constitutions, par exemple celles de la Belgique, du Danemark, il est littéralement garanti à la représentation du peuple une coopération aux décisions à prendre annuellement pour la fixation de l'armée ou la conscription. Il en est de même en Angleterre et même en France. Dans le plus grand nombre, cependant, ce droit est restreint au cas où il y aurait lieu de faire un changement à la loi déjà existante à ce sujet.

Un autre droit d'une grande importance est celui du contrôle rétrospectif des recettes et des dépenses de l'État, de la part des états ou de la Cour des comptes, lequel est un complément nécessaire et naturel de celui d'adhésion par anticipation. Il y a peu de temps qu'en Prusse il s'est élevé une discussion pour décider si les représentants du peuple avaient le droit de demander si les dépenses consenties par eux avaient bien exactement et rigoureusement eu lieu pour le but qui avait été déterminé, ou s'il suffisait de présenter à leur approbation les chiffres en masse lorsqu'il s'agissait de grandes dépenses, comme par exemple celles de tout un département de l'administration de l'État. En France dans l'année 1853 le consentement se donnait en bloc pour tout un ministère; en 1861 le budget spécial fut rétabli. Dans la plupart des États constitutionnels ce dernier mode est considéré comme indiscutable.

Il en est de même de la question des transferts et des transgressions des limites budgétaires. Les gouvernements de quelques petits États allemands ont quelquefois essayé de se passer du consentement des états pour les transferts opérés, c'est-à-dire l'emploi des excédants de recettes sur les quotités prévues ou des économies faites sur les dépenses arrêtées. Néanmoins les états ont à la fin fait reconnaître leur droit, lequel ne saurait être douteux dans de plus grands États constitutionnels.

Quant aux transgressions de limites, ce n'est que par une conséquence purement logique du droit d'adhésion, que, dans ce cas, le ministre dans le département duquel elles ont eu lieu, en soit responsable et que son bien même serve de garantie. Le manque d'adhésion à un pareil excédant de dépense, de la part d'une seule des deux Chambres, suffit pour établir cette responsabilité, c'est-à-dire que le ministre compétent est obligé de couvrir cet excédant de ses propres deniers. La théorie établie par quelques hommes d'État (également dans les petits États allemands), qu'il n'appartient pas aux Chambres, mais à un autre tribunal, comme une Cour suprême de justice, de décider si une pareille transgression est ou non justifiable, n'a pas pu se soutenir devant la logique des principes constitutionnels, pas plus qu'en ce qui concerne les transferts.

Le droit de rendre responsable le ministre coupable d'avoir transgressé les indications particulières de son budget, et de faire couvrir cette responsabilité par sa fortune, appartient tout naturellement à ceux auxquels il est très-difficile en pratique de le faire valoir. Lorsque le parlement se réunit annuellement, de pareils cas ne se présentent pas facilement et c'est une des nombreuses raisons qui plaident en faveur d'une diminution de ces longues périodes entre les sessions des parlements.

Le privilége accordé par la Constitution française au chef de l'État d'accorder des crédits supplémentaires à chacun des départements de l'État, par voie de simple décret, est essentiellement inconstitutionnel. La soumission ultérieure de ces crédits à la prochaine session du Corps législatif n'est qu'une simple formalité, car une semblable mesure, prise directement par l'empereur, qui n'a aucune responsabilité constitutionnelle, ne peut pas être annulée.

En Suède il a été admis un singulier expédient; la diète met à chaque session à la disposition du gouvernement une certaine somme pour les besoins extraordinaires, mais il ne peut en faire emploi que dans certains cas prévus. Pour ces cas exceptionnels de peu d'importance, on met dans la plupart des États des sommes à la disposition des chefs de l'administration publique; si par contre il s'agit de chiffres élevés, comme, par exemple, le danger de guerre ou une calamité publique, la convocation des états est la ressource la plus naturelle, et elle est prescrite par la plupart des Constitutions, où sous-entendue.

Le dépôt public des comptes du gouvernement devant les états (pour en revenir encore une fois sur ce sujet), a non-seulement un but essentiellement financier, mais encore une utilité très-importante en ce qu'il sert à faire connaître à nu la marche de l'administration publique dans toutes ses parties, et la soumet, s'il y a lieu, à la critique. Aucune mesure n'a, dans les États gouvernés depuis longtemps par un système exclusivement bureaucratique, excité dans les commencements autant de contradictions et de résistance de la part de la hiérarchie des fonctionnaires égoïstes, que cette exposition publique devant des yeux profanes du sanctuaire de la machine de l'État, et que ce jugement de gens sans instruction bureaucratique, sur des sujets que eux seuls, les initiés, croyaient comprendre. Mais rien n'a été aussi riche en résultats, pour le renversement si nécessaire précisément de cette idée de l'infaillibilité et de l'inviolabilité bureaucratique, pour la purification de l'administration publique de ces vices et ces abus si nombreux, pour inciter le peuple à s'intéresser aux affaires publiques et pour provoquer une solide éducation politique.

En ce qui concerne la politique extérieure, les représentants du peuple n'y ont en général pas une participation directe. La nécessité d'agir promptement, avec unité et en secret, fait paraître une pareille participation comme à peine possible, ou tout au moins peu praticable. L'influence parlementaire ne manquera pas de se faire sentir indirectement par le droit d'adhésion, et il ne peut pas manquer d'exister un rapprochement constant entre le gouvernement et la représentation nationale à l'égard de la politique extérieure — comme par exemple en Angleterre par la voie de ces fréquentes interpellations aux ministres au sujet des importantes questions du jour encore pendantes —. de renforcer l'action extérieure du gouvernement dès qu'il a pour lui l'opinion publique et, dans le cas contraire, de l'arrêter à temps dans une voie peu sage et impopulaire.

La conclusion de traités qui imposent des obligations ou des charges soit à tout l'État, soit à certaines classes de citoyens, est soumise dans tous les États constitutionnels à l'acceptation des représentants du peuple. Il leur est aussi généralement réservé une certaine participation à l'ordre dans les affaires du gouvernement (dans les États monarchiques), à l'institution de la régence et tutelle, lorsque le nouveau souverain est mineur, et même au réglement de la succession au trône à l'extinction de la dynastie ou des différends à ce sujet. Le parlement d'Angleterre, les cortès en Espagne et en Portugal ont fait un usage efficace de ce droit.

A côté de ces droits cardinaux de toute représentation du peuple, qui viennent d'être détaillés, il en existe encore d'autres qui, sans avoir un rapport aussi direct et aussi décisif avec la politique ou l'administration, n'en sont pas moins de nature, par un emploi énergique et adroit, à exercer une égale influence et à consolider la position des états vis-à-vis du gouvernement. Parmi ceux-ci est le droit d'interpellation, ou questions adressées au gouvernement pour obtenir des renseignements sur des mesures prises par lui, les actes de ses agents ou toute autre circonstance de la vie publique, afin de pouvoir faire ce qui est convenable pour la conservation des libertés du peuple et le bonheur du pays; ensuite le droit des adresses pour faire connaître directement au chef de l'État les désirs et les plaintes du peuple; le droit d'enquête ou examen approfondi de certaines conditions du pays, par une commission des états, afin de faire cesser les vices qui auraient pu s'y introduire. Ces droits sont littéralement garantis dans quelques Constitutions; dans les anciens États constitutionnels ils sont considérés comme entendus d'eux-mêmes et partout, presque sans exception, ils sont reconnus en fait et en pratique. Ces droits présentent l'avantage qu'ils peuvent être mis en usage par toutes les parties de la représentation nationale, par l'une comme par l'autre des deux Chambres, par leur propre initiative, sans que, comme par exemple pour les actes législatifs, une des Chambres soit soumise à la décision de l'autre.

Il reste encore un des droits les plus importants, celui de mise en accusation. Il se trouve dans toutes les Constitutions, au premier rang des droits des états, bien que l'on doive dire que son effet est plus grand par la possibilité de sa mise en vigueur que par son emploi lui-même. Nous trouvons, il est vrai, assez d'exemples de mises en accusation et de jugements de ministres pour violation de la Constitution ou d'autres crimes. Dans l'histoire de l'Angleterre, le sort du comte Strafford, qui fut exécuté sous Charles I sur les instances du parlement, y est tracé en traits sanglants. La France vit, après la révolution de 1830, les membres du ministère Polignac condamnés par la Cour des pairs à un long emprisonnement. Mais ces deux cas eurent lieu dans un temps d'agitation; l'un fut le précurseur et l'autre la suite d'une révolution victorieuse. Dans un temps de tranquillité il n'arrivera pas facilement de mettre un ministre en accusation, et peut-être d'autant moins que, plus ce droit donné à la représentation du peuple est indiscutable, plus elle est en état de le rendre efficace comme résultat. Alors un ministère ne laissera pas arriver les choses à cette extrémité et il cèdera auparavant aux témoignages de méfiance que lui donnera la représentation du peuple. C'est un grand vice des Constitutions de Prusse, d'Autriche et aussi de la Hollande, qu'il ne s'y trouve point de déterminations fixes sur la mise en responsabilité des ministres. Dans les États allemands de deuxième rang, la mise en accusation des ministres est rendue presque impossible en ce qu'elle ne peut être promulguée que par les deux Chambres ensemble. Partout ailleurs, où il existe deux Chambres. le droit de mise en accusation des ministres n'appartient qu'à la Chambre élective; le jugement est prononcé ou par la Chambre haute (comme en Angleterre, Portugal, Italie, les États-Unis, autrefois en France), ou par une Cour de justice instituée à cet effet (comme en Belgique, Suède, Norvége et Danemark). Ce dernier mode de procédure — mais sur l'accusation des deux Chambres — se trouve encore dans les États allemands où existe la loi de la responsabilité ministérielle.

La plupart des Constitutions allemandes donnent aux représentants du peuple, en plus du droit de mise en accusation, celui d'adresser au souverain des plaintes contre ses ministres. Ce n'est au fond qu'un appel à un monarque mal conseillé, afin de lui faire connaître la vérité; mais en général le résultat d'un pareil usage de ce droit reste sans résultat, car, quand un ministre laisse arriver les choses à un tel point sans s'être retiré auparavant, il faut qu'il sache qu'il exerce une très-sûre influence sur le monarque.

Dans le droit général d'adresse directe au roi (où il existe) est compris de soi-même celui de plaintes contre les ministres.

Nous arrivons maintenant à un autre point capital de toutes les Constitutions, l'organisation des agents représentatifs.

Du moins en ce qui concerne les grands États, le système d'une représentation divisée en deux parties, ou le système de deux Chambres, est, suivant que le confirme l'histoire de toutes les Constitutions modernes, le plus efficace et le plus utile à conserver. Il a été admis même dans les deux républiques des États-Unis, d'Amérique et de la Suisse.

Toute autre sorte de division du pouvoir constitutionnel, par exemple en trois curies, comme dans les anciens États allemands, ou même en quatre comme encore aujourd'hui en Suède, n'est pas seulement plus compliquée, mais aussi, puisqu'elle repose sur le principe féodal, moins rationnelle que l'autre si simple, si bien conforme à la nature des choses et des hommes, composée d'éléments, l'un mobile, l'autre stable, ou si l'on le veut ainsi, d'un élément démocratique et d'un autre aristocratique.

Il est clair que le premier élement doit provenir du suffrage du peuple. Quant à la provenance du second, l'histoire nous présente diverses sources. Une pairie héréditaire, comme possesseur d'un des agents législatifs en vertu de son propre droit, ne peut se soutenir et rendre des services que là où elle est depuis longtemps et pour ainsi dire par tradition, en possession de la considération du peuple, et ne forme ni sous le rapport privé ni celui social, un état à part et exclusif des autres classes. Jusqu'à ce jour, la pairie anglaise seule a pu conserver une pareille position, par cette seule raison (comme nous l'avons déjà dit) qu'elle a fait, depuis les temps les plus reculés, ses preuves comme guide de la nation dans les luttes politiques intérieures et comme champion des droits généraux du peuple. En France la pairie héréditaire, créée par la Charte de 1814, pas plus que celle à vie mise à la place de l'ancienne par la Charte révisée de 1830, ne put acquérir une influence politique. Les Chambres de la noblesse dans les États allemands (bien que ne se composant pas seulement de membres héréditaires) sont plus ou moins entachées d'impopularité; celle de Prusse plus encore que la Chambre de seigneurs de l'Autriche. Dans aucun autre de tous les États constitutionnels, on n'a osé accorder à une certaine classe le droit de participation à la législature sous forme de privilége héréditaire, pas même là où il existe une noblesse devenue populaire par son ancienneté ou ses richesses, ou bien encore par les actes de ses membres. En Belgique on fait également élire le sénat par le peuple, seulement avec des conditions plus difficiles à remplir pour être éligible, et ce système a prouvé son excellence dans ce pays. Le Portugal a imité cet exemple dans la Constitution de 1838; ainsi que les Pays-Bas dans celle de 1848, et le Danemark. En Espagne, en Italie, en Grèce on a essayé d'établir un sénat dont les membres sont nommés à vie par le roi et pris dans certaines catégories. En Norvége la représentation nationale choisit dans son sein la Chambre haute ou le Lagthing. Dans les confédérations d'États, comme les États-Unis et la Suisse, c'était en tout cas ce qu'il y avait de plus naturel de faire émaner une partie de la représentation générale de la confédération (sénat, conseillers d'États), des mandataires des États particuliers.

Sur ce point, le seul guide possible doit se trouver dans la nature particulière des circonstances, l'histoire du pays et l'expérience; il ne peut pas exister de règle générale.

Quant à la composition de l'autre partie de la représentation, il n'y a plus de doute qu'elle doit émaner de l'universalité du peuple par la voie du vote. Le droit individuel de représenter, suivant le système féodal, la noblesse, les villes, etc., est devenu complétement surané et impraticable. Il en est de même pour la division du peuple en diverses classes, pour procéder aux élections (comme cela existe encore dans quelques États allemands ainsi qu'en Suède), elle n'est plus en harmonie avec l'état de la vie politique et populaire, et aussi elle n'a été admise dans aucun des grands États constitutionnels. Même la séparation des villes d'avec les campagnes, que l'on a conservée en Angleterre dans la réforme électorale de 1832, comme consacrée par le temps, perd de sa signification par suite de l'égalité toujours croissante, à cause de la liberté de l'industrie, des franchises et des facilités de communications, des conditions de propriétés, du trafic et de l'éducation des villes et des campagnes.

L'expérience acquise dans le plus grand nombre et les plus importants États constitutionnels — l'Angleterre, la Belgique, la Hollande, l'Espagne, le Portugal, l'Italie, etc. — a prouvé la supériorité du vote au premier degré. En France aussi, le Corps législatif est élu directement. Le vote indirect existe encore seulement en Norvége et dans un certain nombre d'États allemands. Dans quelques-uns de ces États, de même Espagne, en Portugal, en Hollande, on a passé du mode d'élection indirecte à celui direct.

On trouve dans les différentes Constitutions des variations dans les conditions d'âge légal pour la faculté électorale et celle d'éligibilité. Il n'existe aucune restriction à cet égard en France et en Angleterre. En Belgique, Hollande, Espagne, le droit de vote n'est soumis à aucune condition d'âge spéciale; dans le nord de l'Amérique 21 ans suffisent, dans la Suisse même 20 ans; en Prusse 24, tandis que en Portugal, en Italie, en Norvége, l'âge de 25 ans est prescrit. Pour l'éligibilité, dans la plupart des États (Prusse, Autriche, Hollande, Italie, Norvége, Grèce), il faut avoir 30 ans; en Espagne, Belgique, Danemark, 25 ans; par contre, et tout extraordinairement, dans ce dernier pays, il faut avoir 30 ans pour être électeur.

Dans la plus grande majorité des systèmes électoraux, il est prescrit pour le droit électoral, une certaine quotité d'impôts, ou un certain revenu, ou aussi la propriété d'un bien-fonds. Actuellement ce droit n'est soumis à aucun cens en France, dans quelques cantons suisses, dans quelques petits États allemands, en Prusse (où ce droit se trouve singulièrement modifié dans son effet par la division par classes d'imposés) et en Danemark où pourtant il faut posséder une position indépendante. Par contre, il existe en Angleterre, Belgique, Hollande, Espagne, Portugal, Italie, Norvége,

Autriche et la plupart des autres États allemands, et même dans les grands États républicains du nord de l'Amérique et le plus grand nombre des cantons suisses, l'une ou l'autre des restrictions ci-dessus mentionnées. Le cens le plus modéré se trouve en Angleterre où, dans la campagne, un revenu en bien-fonds de 50 frcs., un revenu particulier de 250 frcs., un revenu annuel de 1250 frcs. sur propriétés affermées, dans les villes un loyer de 250 frcs., est reconnu comme suffisant; il en est de même en Portugal où un électeur n'a besoin que d'un revenu annuel de 500 frcs., et en Norvége où il suffit de posséder une maison de la valeur de 850 frcs., ou une propriété de campagne cadastrée. Le cens le plus élevé existe en Belgique, fixé même après la réforme de 1848 à 20 fl., en Espagne où il faut payer 53 frcs. d'impôts, en Hollande où il existe une scala de 20 à 160 fl. En Italie le cens est de 40 frcs., mais les soi-disant capacités (membres des académies, professeurs, etc.) n'y sont pas assujetties. Aux États-Unis on exige des électeurs un bien-fonds, condition du reste très-facile à remplir dans ce pays. En Autriche le droit électoral n'est accordé qu'aux plus haut imposés d'un district électoral. Le système de trois classes en Prusse a été suffisamment développé dans le troisième chapitre. Dans les autres États allemands on trouve des restrictions plus ou moins étendues dans le même sens, pour l'exercice du droit électoral.

Dans quelques pays (surtout ceux allemands) on a fixé pour les électeurs du deuxième degré un cens plus élevé que pour ceux du premier, et un encore plus fort pour les députés. Dans d'autres Constitutions, par contre, — voire même dans le plus grand nombre — l'éligibilité n'est soumise à aucune restriction.

Par ces restrictions ou toute autre on attribue le droit électoral à une certaine classe d'électeurs et d'éligibles — le soi-disant pays légal, comme on l'appelait en France sous la monarchie de juillet, — qui n'appartient que dans une plus ou moins grande disproportion à la totalité des habitants et même aux vrais citoyens. Il y avait en France, comme cela a déjà été dit, de 1814 à 1830 à peine plus de 100000 électeurs (sur une population d'environ 30 millions), de 1830 à 1848 à peu près le double; en Belgique, il n'y eut jusqu'à la reforme électorale de 1848 qu'un électeur sur 86 habitants; par contre, dans la Grande-Bretagne un électeur sur 26 à 28 habitants (dans l'Angleterre propre 1 sur à peu près 20, en Écosse 1 sur 32, en Irlande 1 sur 53). Il ne faut pas confondre dans cette différence des électeurs et des simples habitants, la proportion entre le nombre des députés et la somme totale de la population. En Angleterre il est envoyé un député à la Chambre basse sur 32000 habitants; en France un député sur 35000 électeurs et environ 140000 habitants; en Prusse, le rapport entre un député avec la population est de 1 sur 50 à 60000; en Autriche comme 1 sur 112000; dans les plus petits États de l'Allemagne comme 1 sur 30 à 40000, etc. C'est une affaire de convenance locale et non de principe; il existe pour les assemblées parlementaires un certain maximum et un certain minimum de nombre de membres que l'on ne peut dépasser ni en plus ni en moins; également il faut considérer combien il se trouve régulièrement dans le pays, d'hommes intelligents, indépendants et pas trop retenus par des affaires particulières.

Une singulière décision, qui ne se rencontre pourtant que dans un seul pays, le royaume de Saxe, prescrit qu'il faut avoir son domicile principal dans le district électoral que l'éligible doit représenter. Cette décision présente le grand désavantage de restreindre la somme des capacités qui doivent représenter le pays, car il est possible d'admettre le cas où dans un district — surtout dans la campagne ou les petites villes — il se trouverait à peine une personne parfaitement apte à devenir député.

Il existe dans la plupart des États certaines clauses légales pour l'exclusion du droit d'être électeur ou éligible. Parmi figure en première ligne la perte des droits civils et politiques. Cette perte ne peut, dans un État bien réglé, être éprouvée que par suite d'un jugement judiciaire. Dans quelques pays allemands on a été plus loin en éloignant des urnes électorales même ceux qui sont mis en accusation, ou soumis à une enquête judiciaire pour un de ces crimes qui, quand ils sont prouvés, appliquent au coupable une peine infamante. Cette extension donnée au point de vue de la culpabilité, peut conduire aux plus regrettables abus, surtout lorsque les poursuites judiciaires contre une personne ne sont pas accompagnées des plus strictes garanties. Il ne manque pas d'exemples où celui dont on craignait une énergique opposition dans le parlement, a été avant les élections soumis à une enquête de ce genre. Il est tout aussi dangereux d'admettre en principe que la destitution, et même la simple suspension d'un emploi public entraîne l'incapacité électorale.

Parmi les nombreux cas d'exclusion on trouve encore dans quelques pays, celui où quelqu'un est tombé en faillite et cela aussi longtemps qu'il n'a pas obtenu sa réhabilitation en satisfaisant tous ses créanciers. Celui qui n'a pas la libre disposition de sa personne et de ses biens, ainsi par exemple, les interdits pour cause d'aliénation mentale, ou dissipation de fortune. perd, pendant le temps qu'il est sous tutelle, son droit électoral. La plupart des Constitutions privent de ce droit ceux qui (même remplissant toutes les autres conditions) mangent le pain d'autrui en qualité de domestiques, ou se trouvent encore sous l'autorité paternelle et sans un domicile privé.

Presque partout on exclut du droit électoral ceux qui sont depuis longtemps débiteurs de leurs impôts envers l'État ou la commune, ou ceux qui vivent aux dépens des secours publics. Il se rencontre dans la Constitution italienne une exception à peu près unique, que ceux qui ne savent ni lire ni écrire ne peuvent pas voter. Cependant on se départ de cette prescription en faveur de certaines parties du pays, pour ne pas les priver absolument de ce droit.

Anciennement la religion était dans la plupart des États une cause légale d'exclusion si non pour le droit de vote, au moins pour l'éligibilité, et cette cause existe encore aujourd'hui dans quelques États. En Angleterre, jusqu'en 1829, aucun catholique ne pouvait siéger au parlement, et cela n'est pas encore aujourd'hui permis aux juifs. En Espagne et en Portugal les catholiques-romains sont seuls en jouissance des droits politiques élevés. Quant aux États allemands, l'acte fédératif de 1815 détermine que ceux qui professent l'une des trois confessions chrétiennes, jouissent des mêmes droits civils et politiques; par contre, dans la plupart, les juifs ont été jusqu'aux derniers temps exclus du droit électoral; ce n'est que depuis l'année 1848 qu'une plus grande tolérance a été admise, au moins dans beaucoup d'États.

Il a été souvent traité dans la presse et dans les assemblées parlementaires, de l'admission des fonctionnaires publics dans les rangs des représentants du peuple, et elle est décidée de différentes manières dans les diverses Constitutions. Sous la monarchie de juillet en France, où les employés formaient une masse compacte, qui le plus souvent faisait pencher la majorité de la Chambre en faveur du gouvernement, il a été à plusieurs reprises, mais naturellement en vain, fait des propositions pour admettre l'incompatibilité entre la situation d'un fonctionnaire et son mandat de député du peuple. C'était ce que l'on nommait brièvement: la question des incompatibilités.

De semblables plaintes se sont fait entendre en Prusse dans les années de réaction 1852 à 1858, à propos de « la Chambre des conseillers de province » (Landräthe).

En Suède également la plus grande partie des états du clergé et de la bourgeoisie est composée d'employés du gouvernement, et la Constitution norvégienne va jusqu'à accorder un privilége dans les élections à ceux qui sont ou ont été fonctionnaires. On trouve quelque chose de semblable dans le grand-duché de Hesse en ce qui touche l'éligibilité.

D'un autre côté les gouvernements se sont souvent plaints que leurs propres organes, les fonctionnaires, leur ont fait de l'opposition dans les Chambres, et au contraire le parti du peuple portait sur le pavois ces soi-disant «fonctionnaires libéraux». Pour se garantir contre ce danger on faisait usage contre ces fonctionnaires récalcitrants du droit de refus de congé, que, par exemple, les Constitutions allemandes presque sans exception, ont accordé aux gouvernements jusqu'en 1848. Ou bien l'on essayait, comme cela a eu lieu tout dernièrement en Prusse, de faire payer par le fonctionnaire-député, les honoraires de son substitut dans son emploi.

L'histoire de tous ceux des États constitutionnels où la plus grande partie de la représentation du peuple était composée de serviteurs de l'État, nous enseigne l'incompatibilité de ces doubles fonctions, et que toujours les votes d'hommes qui sont entièrement indépendants dans leurs moyens d'existence sont préférables à ceux des employés. L'appareil si étendu et si compliqué de la bureaucratie, qui est en pratique dans la plupart des États du continent de l'Europe, et particulièrement ceux de l'Allemagne, présente cette fâcheuse circonstance que c'est dans la classe des fonctionnaires qu'est l'élément principal de l'intelligence et qu'en dehors de là, il se pourrait qu'on ne trouvât pas, surtout dans les petits États, les capacités nécessaires pour occuper convenablement les bancs des députés. Mais ceci est une nouvelle preuve de la justesse des deux assertions que nous avons avancées plus haut: l'une, que dans les États trop restreints en territoire et population, la vie constitutionnelle ne peut que difficilement se développer; l'autre · que l'introduction d'une Constitution dans un pays entraîne nécessairement la disparition, du moins partielle, de l'appareil bureaucratique, afin que les intelligences trouvent occasion et encouragement à se développer et s'essayer dans des positions indépendantes en dehors de la carrière de fonctionnaires publics.

Dans quelques États les ministres et également d'autres catégories de fonctionnaires ne sont pas éligibles; mais, par contre, les ministres ou tout autre commissaire du gouvernement ont le droit de paraître dans les Chambres et d'y prendre la parole aussi souvent qu'ils le veulent. Le contraire se rencontre en Angleterre où aucun ministre, sous-secrétaire d'État ou tout autre fonctionnaire de la couronne, n'a le droit de paraître dans l'une ou l'autre Chambre, s'il n'en est pas membre. La raison en est que, en Angleterre — d'après le système de gouvernement exclusivement parlementaire —, le gouvernement lui-même n'est envisagé que comme une partie du parlement, comme l'un des grands partis qui se disputent la direction des affaires publiques; tandisque dans la plupart des États du continent, le gouvernement fonctionne comme une puissance en dehors de la représentation du peuple et étant supérieure à celle-ci. En Angleterre où, du reste, le nombre des fonctionnaires est très-minime, il n'y a aucun inconvénient d'en voir siéger dans le parlement, car ils ne sont pas les organes d'un pouvoir distinct, à la disposition duquel ils doivent mettre leur influence parlementaire, ou s'exposer à mettre en conflit leur qualité de représentant du peuple et leur position dans la hiérarchie administrative — ils ne sont rien autre que membres, représentants, guides du parti dominant alors dans le parlement; il n'est donc pas possible que leur position parlementaire soit en opposition avec leurs fonctions. Si leur parti dans le parlement éprouve une défaite, le ministère qu'ils servent se retire et, avec lui, ils perdent leur emploi.

Dans la plupart des Constitutions il est prescrit qu'un député qui accepte une fonction publique salariée, ou, s'il était déjà fonctionnaire, est promu à un emploi plus élevé et plus rétribué, doit se soumettre à une nouvelle élection. On s'explique facilement la raison d'une pareille disposition.

Dans quelques États on a aussi exclu du droit électoral les membres du clergé, au moins de celui d'éligibilité, ou, si non toutes, quelques catégories ecclésiastiques, comme, par exemple, dans le royaume d'Italie, les prêtres qui administrent une paroisse avec charge d'âmes; soit que l'on craigne l'influence qu'ils pourraient exercer sur les électeurs, soit que l'on veuille éviter le conflit qui pourrait survenir entre leur ministère sacré et leur position de député. Par contre, nous voyons le clergé représenté dans la plupart des Chambres hautes.

Presque toutes les lois électorales privent les militaires

du droit d'élection, parce qu'ils ne remplissent pas les conditions voulues (âge, cens, domicile fixe, etc.). Dans le système du suffrage universel il en est autrement, et nous voyons en France et en Prusse la force armée prendre part aux opérations électorales. Dans ce dernier pays on a modifié en faveur de cette classe d'électeurs, la prescription générale de la loi électorale qui exige de tout citoyen un séjour de six mois dans la commune où il veut voter; les militaires exercent leur droit électoral dans le lieu où ils se trouvent.

Cette mesure donne au gouvernement une influence importante sur les élections, car le soldat sous les armes, isolé comme il se trouve des autres citoyens, et empêché d'échanger avec eux ou avec ses camarades ses opinions politiques, obéit égalcment dans l'accomplissement de son devoir comme électeur, seulement à l'ordre de ses chefs militaires. De plus il est par là facile au gouvernement d'agir dans certains endroits sur le résultat des élections, par des changements de garnison, des concentrations de troupes, etc. Du moins cet inconvénient n'aurait pas tant de gravité, s'il était permis aux militaires en congé dans leurs foyers de pouvoir y voter — en temps qu'ils y remplissent les conditions électorales voulues par la loi.

Dans les pays où il n'y a point d'armée sédentaire, mais où le peuple lui-même est armé (la milice), le citoyen n'est naturellement pas privé par ce service à sa patrie, de ses droits politiques. Dans la plupart des États du nord de l'Amérique le service de la milice exempte du cens l'électeur qui en fait partie.

On ne peut pas entrer dans tous les détails des formalités auxquelles sont soumises les élections; mais nous devons mentionner spécialement une question importante qui s'y rattache: le vote doit-il être public ou secret? Le dépôt public du vote existe depuis des temps reculés en Angleterre, et continuera sans doute à exister, bien que déjà souvent il ait été fait des motions dans la Chambre basse pour l'établissement du vote secret, le soi-disant ballot. C'est avec raison que l'Anglais considère la publicité des élections comme le signe, le talisman d'un peuple libre et fort.

Sur le continent, ce mode n'a été adopté que par un seul État, et cela par de tout autres raisons. La loi électorale octroyée en Prusse le 30 mai 1849, introduit le scrutin public pour donner au gouvernement un moyen d'intimidation par la présence de ses employés qui contrôlent les opérations électorales. Néanmoins ce moyen a perdu une partie de sa force par suite de l'indépendance politique croissante du peuple; on voit à présent les électeurs prussiens, même ceux dont les moyens d'existence ne sont pas indépendants du gouvernement, s'approcher hardiment des urnes électorales et déposer, sous les yeux des employés qui dirigent les travaux électoraux, un vote en faveur d'hommes de l'opposition. La manifestation publique de l'opinion exige, pour ne pas devenir un danger pour la liberté des votes, de sérieuses garanties pour la liberté personnelle et l'indépendance de chacun, une positive liberté de la presse ou toute autre restriction dans la toute-puissance bureaucratique — nouvelle preuve qu'il ne suffit pas de telle ou telle institution constitutionnelle, mais que c'est tout l'organisme entier qu'il faut mettre en mouvement.

Une chose très-importante dans les élections pour la représentation nationale, ce sont les réunions électorales préparatoires et publiques, afin que les électeurs puissent apprendre à connaître les candidats et leurs opinions politiques. Cette coutume existe depuis longtemps en Angleterre dans sa plus grande extension. Dans le jeune État constitutionnel prussien, cette coutume s'est promptement enracinée et a beaucoup contribué au progrès prompt et général de l'éducation politique du peuple. Dans quelques pays, de semblables réunions électorales étaient autrefois et sont encore aujourd'hui défendues. Mais le pire se trouve en France où, en général, le droit d'association et d'assemblées politiques n'a pu, ni sous la royauté, ni sous le régime Napoléonien, parvenir à un usage et à une importance qu'il devrait avoir. Pendant les élections parisiennes de 1864, une réunion de peu de personnes, que M. Garnier-Pagès, l'un des candidats, avait invitées dans son domicile particulier, fut dissoute par la police et des poursuites furent intentées contre M. Garnier-Pagès lui-même!

Les périodes électorales, ou les époques régulières (excepté en cas de dissolution) où les corps représentatifs doivent être réélus, varient beaucoup dans les différents pays. En Angleterre le mandat d'un membre de la Chambre basse dure sept ans, durée qui est regardée par beaucoup comme trop longue et dont la éduction a été un des points principaux des efforts dans la réforme parlementaire, qui a agité longtemps l'opinion publique en Angleterre, mais aussi qui depuis plusieurs années est entièrement mis de côté à cause des questions brûlantes de la politique extérieure. En France les élections ont lieu tous les six ans, en Prusse trois ans, en Autriche six ans, en Belgique et en Hollande quatre ans, dans le royaume de Saxe neuf ans, à Bade huit ans, etc.

Il existe encore des variations en ce que, dans une partie des États constitutionnels (par exemple en Angleterre, en Prusse) toute la Chambre élective doit être réélue, dans d'autres (la plupart des États allemands, ainsi qu'en Belgique et en Hollande) il n'y en a que la moitié, le tiers ou un quart. On a regardé ce dernier mode comme nécessaire ou utile pour conserver plus longtemps des talents éprouvés aux travaux de la Chambre et en quelque sorte former une école parlementaire. Mais on pourrait arriver au même but en comptant sur le tact naturel des électeurs qui ne manqueront jamais de redonner leurs voix à un député ayant véritablement fait ses preuves. La statistique pourrait prouver que, en Angleterre et en Prusse, le même nombre de députés ont conservé leur siége à la Chambre pendant un plus grand nombre de périodes électorales, que dans les États où légalement une partie seulement est renouvelée. Le système du renouvellement total présente dans tous les cas l'avantage d'être véritablement le produit, le miroir fidèle de l'opinion publique dominant dans le moment où les élections ont lieu.

La décision des anciens systèmes électoraux de l'Allemagne, d'après laquelle pour chaque député il est élu un remplaçant ou substitut qui prend sa place en cas d'empêchement ou de retraite forcée et définitive ne se retrouve plus dans les Constitutions postérieures à 1848. On a reconnu qu'un semblable mandat de confiance exercé de seconde main, ne pouvait donner que des résultats douteux.

Un dernier point, mais un des plus importants de tous, au sujet duquel nous devons dire encore quelques mots, est celui des garanties renfermées dans une Constitution. Ces garanties se dirigent naturellement contre l'agent gouvernemental qui a la force physique à sa disposition, ainsi contre le chef de l'État. On part de la supposition, que l'expérience n'a malheureusement que trop souvent justifiée, que celui qui possède cette puissance n'est que trop enclin à lui faire dépasser les limites posées par la Constitution, et pour cela anéantir complétement la Constitution, ou du moins lui faire subir des changements suivant son bon vouloir ou dans le sens qui peut servir son but.

De semblables tentatives, des violations de la Constitution, rencontrent le plus souvent une courageuse résistance de la part des représentants du peuple, dans le cas où ils possèdent assez d'énergie et veulent rester fidèles à la Constitution, à l'aide des armes défensives que leur donne cette même Constitution — la mise en accusation des ministres, l'appel public à la conscience du chef de l'État, et comme moyen extrême le refus des moyens financiers indispensables pour la gestion du gouvernement —, en repoussant de pareilles tentatives dès leur début ou en les faisant échouer dans un temps plus ou moins long. Le danger auquel est exposée la vie constitutionnelle, commence au moment où il est possible d'annihiler la représentation du peuple elle-même. Car alors il ne se trouve plus personne ayant le mandat et l'autorité légale d'agir comme protecteur et vengeur de la Constitution violée. C'est toujours vers ce but — dans les temps anciens et modernes — qu'a été dirigée la politique des coups d'État. Charles I Stuart gouverna pendant onze ans sans parlement; le général Bonaparte inaugura son 18 brumaire par la dissolution violente des deux Conseils; les souverains allemands des 17ᵉ et 18ᵉ siècles ne convoquaient jamais que rarement leurs états, et à la fin plus du tout; Napoléon III fit arracher de leur lit les membres les plus fameux de l'assemblée nationale, les fit mettre en prison et disperser le reste qui voulait se réunir, par la police et des soldats; en Prusse, en Autriche et dans un grand nombre d'États allemands, on dissolut les parlements qui provinrent du mouvement de 1848 et il fut octroyé de nouvelles Constitutions ou au moins de nouvelles lois électorales.

C'est le point sur lequel doivent être concentrés tous les moyens protecteurs ou les garanties d'une Constitution. Leur but doit être de rendre aussi difficile que possible la suspension, l'annihilation ou la paralysie de la représentation du peuple. Pour rendre inefficace la non-convocation du parlement par le chef de l'État, on lui a, dans plusieurs Constitutions, donné le droit de s'assembler de son propre droit — sur l'invitation du président de la dernière session ou d'un comité de permanence, comme en France d'après la Constitution de 1848 —, ou par avance déterminé le temps de ses réunions annuelles, comme en Belgique, en Hollande, en Suède et en Norvége. Pour empêcher que par la dissolution des Chambres le peuple soit sans représentation pendant un temps indéterminé, il a été exactement prescrit dans toutes les Constitutions, le délai dans lequel de nouvelles élections permettent de convoquer les nouvelles Chambres. Ce délai varie entre deux mois (Danemark), trois mois (Angleterre, Prusse et autres), six mois (la plus grande partie des petits États allemands). On laisse exister, entre les sessions, un comité de permanence, pour surveiller les droits des représentants absents et ceux du peuple (comme en Suède, en Wurtemberg, dans la Hesse électorale). Néanmoins aucune de ces garanties ne peut combattre les atteintes d'un pouvoir sans conscience et décidé à employer les moyens les plus extrêmes. Si le parlement se réunit de son propre droit, il dispersera ses membres par la force de son pouvoir; s'ils font résistance, il emploiera la force armée, les fera arrêter, peut-être même maltraiter; il en sera de même et encore plus facile, avec un comité moins nombreux et moins imposant; il dissoudra la Chambre et n'en convoquera pas de nouvelle, du moins pas d'après la loi électorale renfermée dans la Constitution. Tous ces cas se sont présentés plusieurs fois dans un ou plusieurs pays.

On a donc dû chercher d'autres garanties. Nous ne parlons pas ici du serment prêté par le souverain à la Constitution: il n'y a jamais à craindre une violation de la Constitution de la part d'un monarque consciencieux, mais l'expérience a prouvé que le serment ne lie pas celui qui manque de conscience. Comme il est arrivé souvent qu'un nouveau souverain n'a pas voulu se regarder comme lié par la Constitution introduite dans l'État par son ou l'un de ses prédécesseurs, on a inséré dans la plupart que le peuple n'est pas tenu à foi et hommage envers son nouveau monarque s'il n'a prêté le serment à la Constitution. Si une part imposante des citoyens, s'appuyant sur ce droit constitutionnel, refusait toute obéissance, cela ne manquerait pas son effet sur le souverain lui-même et ses conseillers. Dans les anciens pactes entre les états et le prince — première apparition du droit constitutionnel — nous trouvons presque toujours un article dans le sens de ce célèbre mot aragonais: Si non, non! Ces anciens pactes allaient encore plus loin; ils déclaraient que lorsque le souverain, quelque soit la légitimité de ses droits au trône, violait les droits consacrés du pays, non-seulement ses sujets étaient dégagés de leur devoir de fidélité et d'obéissance, mais encore ils pouvaient opposer la force contre la force et enlever la couronne à ce monarque parjure. Ce droit était reconnu par les rois d'Angleterre eux-mêmes dans les plus anciennes lettres de liberté; les Cortès de Portugal de 1670 se donnèrent ce droit; et même on trouve quelque chose d'analogue dans les Constitutions des états féodaux des pays allemands.

Le constitutionnalisme moderne veut remplacer ce droit de la résistance physique par un moyen de résistance plus en rapport avec la civilisation et le progrès actuels. Il veut empêcher la révolution, la guerre civile — ou, ce qui est encore plus affreux, le brigandage, l'attentat —, il veut empêcher la tyrannie, l'illégalité, l'oppression, qui sont si souvent le contre-coup de ces moyens violents. Il veut organiser un système de résistance légale, passive, qui parvienne à rendre impossible à un gouvernement qui veut agir contre les lois, contre la Constitution, de continuer à marcher dans cette voie. Parmi ces moyens de résistance légale ou passive, que la Constitution doit renfermer, le premier de tous est que personne ne peut être contraint à payer les impôts et contributions qui n'ont pas été consentis constitutionnellement, et qu'il est interdit aux employés à ce préposés de les percevoir. Un autre moyen efficace est que la justice régulière puisse recevoir les plaintes de tout citoyen pour abus de pouvoir de la part d'employés du gouvernement, depuis le plus infime jusqu'au plus élevé et juger avec une complète indépendance. Quelques Constitutions autorisent même les employés d'administration publique à ne pas exécuter les ordres de leurs supérieurs lorsqu'ils leur paraissent contraires à la Constitution; d'autres se réduisent au droit de représentations pour des cas pareils. Il est naturellement très-difficile pour un employé du gouvernement — avec ce mécanisme si rigoureusement hiérarchique de la bureaucratie, comme il existe dans presque tous les

États du continent — de faire valoir d'une manière efficace de pareils scrupules de conscience.

On a enfin — parce que ces garanties ou d'autres semblables ont paru impuissantes contre ceux qui possèdent le pouvoir, qui ne reculent devant aucune extrémité et qui ont à leur disposition une force armée nombreuse et bien disciplinée — voulu regarder comme dernier moyen de protection pour les droits constitutionnels du peuple, d'empêcher cette force armée elle-même par un serment constitutionnel, de prêter son concours contre la Constitution; on a — par exemple dans la plupart des États allemands en 1848 — demandé que l'armée prêtât le serment de fidélité à la Constitution, et on l'a obtenu dans plusieurs.

Néanmoins une pareille mesure n'est pas sans danger au point de vue de la discipline militaire qui est indispensable, et elle a été abolie partout où elle avait été adoptée. Il est aussi toujours douteux si même ce moyen pourrait empêcher un coup d'État, si le gouvernement malheureusement s'y décidait. Quant aux officiers, il semble non-seulement convenable, mais encore juste et entièrement logique que, tout comme les employés civils de l'État, ils prêtent le serment à la Constitution. La loi sur les serviteurs de l'État, dans la Hesse électorale, de 1830, le prescrivait positivement, et cette loi a démontré sa bonté et son efficacité dans la célèbre lutte constitutionnelle de 1850, dans ce petit pays, en ce que la majorité des officiers a préféré prendre son congé que de devenir les instruments et les complices de la violation de la Constitution.

La meilleure et la plus sûre garantie d'une Constitution consiste véritablement dans une longue et constante habitude de son usage, aussi bien de la part du peuple que de celle du prince. Le prince doit apprendre à reconnaître — et il y arrivera s'il est sage — qu'il n'y a pas de moyen plus certain pour assurer le bien-être de son pays, que des institutions qui ont pour but d'éviter les erreurs ou les abus de pouvoir, ou du moins de les arrêter à temps et de les empêcher de devenir nuisibles, d'organiser la législation sur une voie de progrès constant mais modéré, d'éclairer le gouvernement sur les besoins et les intérêts du peuple, et par là être toujours en harmonie avec l'esprit national; que la force et la fermeté du trône reposent plus sûrement sur l'attachement de tous les citoyens à l'ordre gouvernemental existant et à celui qui le dirige, le monarque, lequel attachement naît de la jouissance de la liberté constitutionnelle; qu'enfin le pouvoir d'un État ne peut être grand à l'extérieur qu'avec une parfaite entente entre les gouvernants et les gouvernés, et que aujourd'hui un grand État n'a que cet unique moyen d'être véritablement puissant, respecté, inviolable vis-à-vis des autres États, et même d'une coälition de plusieurs de ces États.

Le peuple de son côté doit apprendre qu'il doit faire des droits qui lui sont donnés par la Constitution, un usage aussi modéré et réfléchi que persévérant et logique. Qu'il s'efforce à s'approprier entièrement et sous tous les rapports la somme de ces droits petite ou grande, par un vif sentiment de leur nécessité et de leur utilité, et par une énergique participation à leur mise en pratique, et qu'avant d'aspirer à une extension de ses libertés, il doit se servir de celles qu'il possède déjà avec toutes ses forces politiques! Qu'il ait toujours les regards fixés plutôt sur ce qui est autour de lui, à ses pieds, que sur un point incertain et nuageux, et qu'il cherche une amélioration à sa condition plutôt dans une perfection croissante de son état présent, que dans une impatiente recherche de théories, qui sont trop éloignées de sa condition, et par conséquent le conduiraient peut-être à un temps d'arrêt ou de détournement, au lieu d'un progrès et un développement social! Quand un peuple constitutionnel marche sur la voie des institutions constitutionnelles d'un pas tranquille, ferme, constant, sans haine, mais aussi sans relâche, et quand il a le bonheur d'être gouverné par un prince bien-intentionné et voulant le bien, il sera garanti aussi bien contre les coups d'État que contre les révolutions, et il aura sa part de tous les bienfaits qui découlent partout et toujours du système de gouvernement soutenu par une représentation constitutionnelle et libérale, et animé de bonnes intentions à l'égard de toutes les classes de la nation.

APPENDICE.

Pendant l'impression de cet ouvrage, il s'est produit des faits qui ont apporté les modifications suivantes dans deux États constitutionnels:

Dans les principautés danubiennes, un coup d'État du prince Cusa, a modifié le 15 mai 1864 la Constitution de 1858, en proclamant une nouvelle loi électorale (plus démocratique); elle octroie le suffrage universel (comme en France en 1851) et elle a été acceptée avec une grande majorité.

En Portugal «l'acte additionnel» de 1852, qui, pour l'élection des députés se reportait à la Constitution de 1838 en consacrant le principe du vote direct et une diminution du cens électoral, modéré encore davantage en 1859, et qui, chose étrange, substituait à la pairie élective de 1838 le principe de la nomination royale et de l'hérédité, de la Constitution de 1826, a été de nouveau soumis en mai 1864 à une modification adoptée par la Chambre des députés à une grande majorité, et laquelle abolit de nouveau la pairie héréditaire.

Printed in Dunstable, United Kingdom

91233082R00167